世界五千年
科技故事丛书

卢嘉锡题

世界五千年科技故事丛书

# 中国数学史上最光辉的篇章

## 李冶、秦九韶、杨辉、朱世杰的故事

丛书主编　管成学　赵骥民

编著　孔国平

吉林出版集团 ｜ 吉林科学技术出版社

## 图书在版编目（CIP）数据

中国数学史上最光辉的篇章：李冶、秦九韶、杨辉、朱世杰的故事 / 管成学，赵骥民主编. — 长春：吉林科学技术出版社，2012.10（2022.1 重印）

ISBN 978-7-5384-6154-1

Ⅰ.① 中… Ⅱ.① 管… ② 赵… Ⅲ.① 数学家－生平事迹－中国－通俗读物 Ⅳ.① K826.11-49

中国版本图书馆CIP数据核字（2012）第156324号

## 中国数学史上最光辉的篇章：李冶、秦九韶、杨辉、朱世杰的故事

| | | |
|---|---|---|
| 主　　编 | 管成学　赵骥民 | |
| 出 版 人 | 宛　霞 | |
| 选题策划 | 张瑛琳 | |
| 责任编辑 | 潘竞翔 | |
| 封面设计 | 新华智品 | |
| 制　　版 | 长春美印图文设计有限公司 | |
| 开　　本 | 640mm×960mm　1 / 16 | |
| 字　　数 | 100千字 | |
| 印　　张 | 7.5 | |
| 版　　次 | 2012年10月第1版 | |
| 印　　次 | 2022年1月第5次印刷 | |

| | |
|---|---|
| 出　　版 | 吉林出版集团<br>吉林科学技术出版社 |
| 发　　行 | 吉林科学技术出版社 |
| 地　　址 | 长春市净月区福祉大路 5788 号 |
| 邮　　编 | 130118 |
| 发行部电话 / 传真 | 0431-81629529　81629530　81629531<br>81629532　81629533　81629534 |
| 储运部电话 | 0431-86059116 |
| 编辑部电话 | 0431-81629518 |
| 网　　址 | www.jlstp.net |
| 印　　刷 | 北京一鑫印务有限责任公司 |

| | |
|---|---|
| 书　　号 | ISBN 978-7-5384-6154-1 |
| 定　　价 | 33.00元 |

# 序 言

十一届全国人大副委员长、中国科学院前院长、两院院士

放眼21世纪，科学技术将以无法想象的速度迅猛发展，知识经济将全面崛起，国际竞争与合作将出现前所未有的激烈和广泛局面。在严峻的挑战面前，中华民族靠什么屹立于世界民族之林？靠人才，靠德、智、体、能、美全面发展的一代新人。今天的中小学生届时将要肩负起民族强盛的历史使命。为此，我们的知识界、出版界都应责无旁贷地多为他们提供丰富的精神养料。现在，一套大型的向广大青少年传播世界科学技术史知识的科普读物《世

界五千年科技故事丛书》出版面世了。

由中国科学院自然科学研究所、清华大学科技史暨古文献研究所、中国中医研究院医史文献研究所和温州师范学院、吉林省科普作家协会的同志们共同撰写的这套丛书，以世界五千年科学技术史为经，以各时代杰出的科技精英的科技创新活动作纬，勾画了世界科技发展的生动图景。作者着力于科学性与可读性相结合，思想性与趣味性相结合，历史性与时代性相结合，通过故事来讲述科学发现的真实历史条件和科学工作的艰苦性。本书中介绍了科学家们独立思考、敢于怀疑、勇于创新、百折不挠、求真务实的科学精神和他们在工作生活中宝贵的协作、友爱、宽容的人文精神。使青少年读者从科学家的故事中感受科学大师们的智慧、科学的思维方法和实验方法，受到有益的思想启迪。从有关人类重大科技活动的故事中，引起对人类社会发展重大问题的密切关注，全面地理解科学，树立正确的科学观，在知识经济时代理智地对待科学、对待社会、对待人生。阅读这套丛书是对课本的很好补充，是进行素质教育的理想读物。

读史使人明智。在历史的长河中，中华民族曾经创造了灿烂的科技文明，明代以前我国的科技一直处于世界领先地位，涌现出张衡、张仲景、祖冲之、僧一行、沈括、郭守敬、李时珍、徐光启、宋应星这样一批具有世界影响的科学家，而在近现代，中国具有世界级影响的科学家并不多，与我们这个有着13亿人口的泱泱大国并不相称，与世界先进科技水平相比较，在总体上我国的科技水平还存在着较大差距。当今世界各国都把科学技术视为推动社会发展的巨大动力，把培养科技创新人才当做提高创新能力的战略方针。我国也不失时机地确立了科技兴国战略，确立了全面实施素质教育，提高全民素质，培养适应21世纪需要的创新人才的战略决策。党的十六大又提出要形成全民学习、终身学习的学习型社会，形成比较完善的科技和文化创新体系。要全面建设小康社会，加快推进社会主义现代化建设，我们需要一代具有创新精神的人才，需要更多更伟大的科学家和工程技术人才。我真诚地希望这套丛书能激发青少年爱祖国、爱科学的热情，树立起献身科技事业的信念，努力拼搏，勇攀高峰，争当新世纪的优秀科技创新人才。

# 目　录

# 目 录

# 李冶

# 少年时代

　　在北京城的南面，有一个土地肥沃、盛产西瓜的好地方——大兴县。800年前，这里归金朝的大兴府管辖。府内有一位推官（相当于现在的参谋），姓李名通。1192年（金明昌三年）的一天，李家突然传出新生婴儿的啼哭声。刚忙完公务的李通，还没进家，接生婆便赶过来向他道喜了。他顿时忘却了一天的疲劳，兴冲冲地走到夫人王氏床前，端详着可爱的儿子。但他不会想到，这个看来没什么特殊的孩子，会成为一个举世闻名的大数学家！

"给孩子取个什么名字呢？"王氏问道。李通捋了捋胡须，胸有成竹地答道："他哥哥叫李澈，他的名字也该以水为旁，咱们都盼望国家长治久安，就叫他李治吧！"

李治长大以后，在翻阅《唐书》的时候，突然发现唐高宗与自己同名！在封建社会里，常人姓名与古帝王相同是很不妥当的。但沿用已久，不愿全改，于是把偏旁减去一点，改为冶。我们不知道他是哪一年改名的，但肯定在金朝，因为他在1230年（正大七年）考进士时，便叫李冶了。他的著作也都以"李冶"署名。有人不明真相，见到金朝的一些书中称他为李治，还以为是笔误呢！

李冶的祖籍并不是大兴，而是河北栾城。他父亲便是在栾城出生和长大的。1191年（明昌三年），李通考中进士，被任命为河北涉县的县令。当时县城缺水，居民的饮用水又不干净，不少百姓得病，李通便亲自到西山探得美泉，组织民工挖渠引水，使沿渠几千户人家受益。土地灌溉及饮水问题都解决了，人们的生活得到改善。虽然他做县令只有半年多，却深得百姓爱戴。不久，李通升任大兴府推官，把家属接到大兴，李冶便在这里出生了。

李冶的童年时代，金朝正由盛而衰。章宗即位（1190）后，官僚政治越来越腐败。金朝是女真人建立的，他们本来有剽悍善战的习性，现在大多变得游手好闲起来。女真上层分子钩心斗角，互相倾轧，很少过问生产。关系国计民生的黄河管理不善，修河费用被贪官污吏塞入自己的腰包。结果，在十几年的时间里，黄河便三次决堤，万顷良田成了一片汪洋。人民流离失所，哀鸿遍野。那一队队衣衫褴褛的灾民，真是惨不忍睹！由于生产受到严重破坏，自然影响了金朝的财政收入。而连年的对外战争，使军费猛增。再加上女真贵族的任意挥霍，金朝出现了财政危机。于是滥发纸币，造成物价飞涨，结果是国虚民穷。1208年（泰和八年），金章宗病死，卫绍王允济当了皇帝。这时蒙古军队加紧向金朝进攻，腐朽的金朝已潜伏着亡国的危机了。李通就是在章宗和卫绍王时期在金朝为官的。

李通的上司胡沙虎，是一个深得朝廷宠信的奸臣，常常打骂同僚，欺压百姓。有一次外出路过阻居，监酒官移刺保献酒，只因酒味薄了一点，便被胡沙虎打伤。为了满足自己的贪欲，他还干出冒领俸禄、骗取马匹和掘人坟墓的丑事。只因皇帝宠爱，人们不敢得罪他。但李通是一个正直而不怕权势的人，见他的上司无恶不作，常常据理力争，置个人生死祸福于度外。据说，当时在金朝为官者，敢于向胡沙虎作斗争的只有李通和尚书左丞张行中二人。胡沙虎对这样一个抗上的书生，自然是怀恨在心，欲除之而后快。李通曾险遭毒手，只因为官谨慎，终于解脱。但他深知自己处境危险．私下对家人说："这个人什么坏事都干得出来，不能不防啊！"他怕连累家人，于是把老小送回故乡栾城。这时李冶正是童年，他没有随家人回乡而独自到栾城的邻县元氏求学去了。从唐代以来，各县有公立学校，称县学。由于战乱，不少县学废止了，但元氏县学尚在，而且教学质量不错，李冶便在这里上学。

小李冶不仅聪明，而且喜欢读书，每得到一本好书，便爱不释手。他爱动脑筋，记忆力又好，知识越来越多了。不仅老师喜欢他，就是身边的小伙伴，也常常向他请教呢。在李冶看来，学问和本事比财富更可贵，父亲曾用当时的一句民谚教导他："积财千万，不如薄技在身。"他牢记在心，当做自己的座右铭。他还在笔记本上写下自己的体会："金银虽然宝贵，但有用尽的时候。学问藏在身上，只要身在便有余。"

在学习期间，李冶对数学、文学都感兴趣。由于他的文章写得好，乡邻们常请他写东西。有一天下午，进士李屏山找到李冶，试探着说："有几位朋友请我作墓铭（墓铭也称墓志或墓志铭，是刻在墓碑上的文字，内容为死者的生平事迹）。我近来太忙，你能不能代笔？"李冶一口应承。李屏山高兴地走了。他想，不出三五天，李冶就会写好的。第二天，他刚吃完早饭，便见李冶不慌不忙地来了，手里还拿着一卷纸。他想："大概是李冶遇到什么疑难，来问我吧！"

"先生，墓铭写完了，请过目。"李冶笑着把那卷纸递上去。李屏山大吃一惊，好几篇文章，竟在一个晚上完成，真是太快了。他把那几篇墓铭细看一遍，不仅字迹清秀，而且文笔流畅，用词得体，简直挑不出一点毛病。李屏山赞不绝口，半开玩笑地说："大概有天神下凡相助吧！"消息传开，人们都把李冶当做神童，说他小小年纪，便有"成人之风"。

在李冶21岁时，家中发生了一件大事——父亲被迫辞职。这是与胡沙虎篡权乱政分不开的。1211年（大安三年）10月，蒙古窝阔台军进逼金朝西京（今山西大同），西京的城防司令胡沙虎贪生怕死，在强敌压境的关头，带兵七千弃城而逃。途中与蒙古军遭遇，在安定县北打了一仗，各有伤亡。傍晚，金军安营扎寨，一些将领正在考虑第二天如何抵御蒙古军，不料天黑以后，胡沙虎竟偷偷地带领亲信逃离军营。全军无主将，自然溃败了。胡沙虎途经蔚县时，私自提取官库银五千两和各种衣物，还抢夺老百姓的马匹，当地官吏敢怒而不敢言。他路经涞水时，继续为非作歹，涞水县令上前阻止，竟被他活活打死！

胡沙虎逃回中都（金首都，今北京），允济不予问罪，只是迫于舆论，将他罢归故里。1213年（至宁元年），允济不顾许多官员的反对，又起用胡沙虎抵抗蒙古军，命他为右副元帅，领兵驻中都城北。但他只顾游玩打猎，不部署军事。允济派使臣到军中责问，胡沙虎大怒，决计谋反。8月25日，他突然领兵入城，劫持允济出宫，将其杀死。允济姑息养奸，终于自食恶果。胡沙虎自称监国大元帅，从彰德迎世宗的孙子完颜殉入中都，立他为帝，即宣宗。9月，宣宗即位，拜胡沙虎为太师、尚书令、大元帅，并封为泽王。这时，李通已不在胡沙虎手下为官，正任东平府治中，这是一种主管文书、协助处理府中日常事务的官职。他目睹胡沙虎罪行及朝政的混乱，感到政事已无可为，又怕受虎迫害，便托病辞职，隐居阳翟（今河南禹县），在颍水旁盖了几间住房，取名寄庵，并以此为号（即笔名）。这种奸臣得势、忠臣受排挤的现实，以及父亲的刚直不阿，对年轻的李冶影响极大。他决心以父亲为榜样，做一个正直而有学问的人。

李通隐居阳翟后，便把家眷迁来，李冶也从河北来到河南。从此李通不再过问政事，只在大自然中寻求乐趣。他喜欢吟诗作画，善画山水、龙虎，在当地颇有名声。人们争相请他作画，李通从不推辞，并诙谐地称为"画债"。他的诗也写得很好，有好几首律诗和绝句被元好问收入《中州集》，流传至今。

# 良师益友

  李冶喜欢交朋友。他在学生时代，便常与同年好友李钦叔、冀京甫等一起切磋学业，吟诗作词。空闲时便畅游山林，饱览自然风光。但与李冶感情最深、对李冶影响最大的朋友，还是元好问。

  好问比李冶大两岁。他是金朝的著名诗人，据说7岁便能作诗。好问常到李冶家来，向李父求教，李父很喜欢他，亲自作画相赠。

  好问同李冶一样，十分爱好文学。他听说礼部尚书赵秉文（1159—1232）的诗、文极好，便于1217年（兴定元年）专程去汴京（今河南开封）求教，并带去自己作的文章。赵秉文看过文章，连连点头，认为他很有发展前途，便悉心指教。经元好问介绍，李冶也来到汴京，两人同拜赵秉文为师。秉文是金代著名的文学家，而且有舍身报国之志。1213年，蒙古军队入侵金国边境，他曾主动要求去前线守城御敌，因皇帝不准而未成行。秉文做官多年，从未收取贿赂，可说是两袖清风。他的正直为人及高深的文学修养，对李冶影响很大。特别是他那种以钻研学问为乐事，时时不忘著述的精神，李冶更是视为楷模。

后来，二人又拜文学家杨云翼（1170—1228）为师。杨云翼是1194年（明昌五年）的状元，同年入翰林院。他不仅精于辞赋，而且通历法、数学，1209年（大安元年）曾在司天台任职、参与历法的修订工作，数学著作有《勾股机要》、《象数杂说》等，不过没有出版。1218年（兴定二年）被任为礼部尚书。他与赵秉文同在礼部，掌管文化事业，被称为"赵杨"。

在名师指点下，元好问与李冶并驾齐驱，不久便名声大振。李冶在晚年追忆这段往事时，感慨地说："我从20岁以来，只知读书、做文章为乐事，以为再也没有比这更快乐的事情了。"在汴京的几年，确实使李冶的文学水平大为提高。1230年前后，元、李二人便与赵、杨齐名了。

另外，李冶从杨云翼处受到不少数学方面教育。他在元氏求学时便学过一般的数学知识，杨老师又教给他从事数学研究的方法。他在数学上的杰出成就，除了自己的天才与勤奋外，也得益于老师的教诲。

　　李冶不仅博览群书，而且善于接受前人知识。他说："读书有三个层次：多、精、深。首先要多学，在多学的基础上精读，在精读的基础上深刻理解。"他在晚年曾写过一本读书笔记式的著作《敬斋古黈今黈》，阐发自己多方面的心得、体会，这是与他善于读书分不开的。

# 北渡黄河

1230年，李冶在洛阳考中进士，得到高陵（今陕西高陵县）主簿官职。但蒙古窝阔台的军队已攻入陕西，所以没有上任。接着又被调往阳翟附近的钧州（今河南禹县）当知事。金朝在蒙古军队的威胁之下，形势非常紧张，钧州城内调度十分频繁。李冶和他父亲一样，为官清廉、正直。他亲自掌管出纳，对钱、粮管理严格，与士卒同甘共苦。在当时动乱的环境中，像李冶这样的清官，确实是难能可贵的。他自己也说："如今贪赃枉法者多，好人未必有好报，好人确实难做啊！但人生在世，要对得住自己的良心。所以还是要努力做个好人。"

李冶在钧州为官时，金朝实际上已濒临灭亡了。宣宗即位后，面对蒙古军的进攻，一味屈辱求和。为了苟安一时，1214年（贞祐二年）竟放弃中都南逃，迁都汴京。蒙古统治者不仅不与金讲和，反而加紧进攻。另外，山东、河北一带的农民不堪忍受苛重的租税和徭役，纷纷起义，反抗金的黑暗统治。金朝内外交困，灭亡不可避免了。1223年（元光二年）12月，宣宗病危，太子守绪当了皇帝，即哀宗。这时，人民自发的抵抗蒙古军的斗争有所发展。金哀宗采取一系列新措施，集中兵力，抗蒙救亡。但金国力已衰，腐朽的统治机构已病入膏肓，哀宗竭力维持，终未免于亡。1232年（开兴元年）正月，蒙古军攻破钧州。李冶不愿投降，只好换上平民服装，北渡黄河避难，走上了漫长而艰苦的流亡之路。他知道父亲年老体衰，但由于形势危急，临走时未能看望父亲。李冶北渡后不久，李通便在阳翟病逝了，享年66岁。

据说，李通在病危时，神志十分清楚，他在一天前向亲属预告自己的死期，说："我明日就要归天了。你们千万不要失声痛哭。"果然如期而逝。家人见他闭上眼睛，脉息全无，以为死了，便大哭起来。哭了许久，李通突然睁开眼睛，缓缓说道："我已经告诉过你们，我死时不要痛哭。你们这样大哭不止，令我心烦意乱。"说罢，闭上眼睛。家人再也不敢哭了，默默地守在床前，确认他死亡以后，才默默地办理丧事。

李冶北渡后流落于山西的忻（xīn）县、崞（guō）县之间，过着饥寒交迫的生活。1233年（天兴二年），汴京陷落，元好问也弃官出京，于5月3日北渡黄河避难。李冶与元好问在青年时代就志趣相投，现在，共同的命运又把他们连在一起了。从留存下来的诗文看，两人当时的思想是相当一致的，不过李冶表现得比较含蓄。面对蒙古军队的屠杀和抢掠，他引用前人诗句，表达自己的愤慨："劝君莫话封侯事，一将功成万骨枯。"这就是说，那些因所谓战功而被封为侯爵的人，是把自己的荣誉、地位建立在屠杀人民的基础上。他还说："仁义之人是不会无端攻伐其他国家、掠夺他国百姓及财产的。那些侵略他国而得逞的人，可以说有本事，但绝不是仁义之人。"不过，他在当时的条件下，还不敢直接指责蒙古统治者。

元好问对人民苦难生活的描写，要比李冶更为明显。他满怀同情地写了《癸巳五月三日北渡》一诗："道旁僵卧满累囚，过去旃（zhān）车似水流。红纷哭随回鹘（hú）马，为谁一步一回头？"句中的"旃"是一种红色的曲柄旗，挂这种旗子的车称旆车；回鹘即回纥（hé），暗指蒙古军。在《续小娘歌》中，好问写道："山无洞穴水无船，单骑驱人动数千。直使今年留得在，更教何处过明年？"诗人在这里勾画出一幅多么悲惨而真实的图景啊！蒙古军掳掠金朝妇女和财物，一车一车满载而去，那些可怜的女子，绝望地不断回头向着亲人哭泣。人民被掠去为奴，入山无穴，下水无船，简直是死路一条！即使侥幸活过今年，还不知明年怎样呢！

目睹蒙古军的屠城，元好问悲愤地写道："野蔓有情萦战骨，残阳何意照空城？"他还在诗中无情地鞭挞了那些践踏农田的军队："一夕营幕来，天明但平土。呼天天不闻，感讽复何补？"

元好问知道，要挽救金朝的灭亡是不可能的，但他希望新的统治者能接受汉族先进的文化，采取汉族的定国安邦之策。因此在北渡之前给窝阔台手下的大臣耶律楚材写信，推荐了李冶、王鹗、李献卿、商挺、徐世隆等四、五十位亡金的学者及社会贤达，说他们都是优秀的人才，希望蒙古统治者择而用之。元好问恳切地说："以您的力量，使这些学者不再为衣食而奔波，并非难事。可以建立学馆，让他们在学馆工作。学馆的设备不必讲究，报酬也不必丰存，只要使他们吃饱穿暖就行了，花不了多少钱……"元好问这次努力，效果不错。所荐的人当中，后来有不少为忽必烈所用。蒙古军攻占开封后，没有再屠杀官民，反而采取了一种分批安顿亡金官吏与学者的办法，这与元好问的努力也有一定关系。

元好问本人，似乎并不打算在蒙古统治者手下为官。李冶也是这样。李冶北渡两年之后，即1234年初，金朝为蒙古所灭。他和元好问都感到政事已无可为，于是专心做学问。李冶经过一段时间的颠沛流离之后，终于在崞山（崞县境内）的桐川定居。这时，李冶已年过40了。金朝的灭亡给李冶的生活带来不幸，但由于他不再为官，这在客观上也使他的科学研究有了充分的时间。

# 著书立说

李冶在桐川的研究工作，遍及数学、文学、历史、天文、哲学、医学。同时代的砚坚说他"凡是见过的书，没有一本不仔细研究的。"这话也许有点夸张，但他确实以读书、做学问为乐，正如他的学生焦养直所说："老师在流离颠肺之中，没有一天废弃学问。手不停地翻书，口不停地吟诵，几十年如一日。甚至在挨饿受冻的时候，也不肯放下书本。"

在各种学问中，李冶最感兴趣的还是数学。古代学校的教育内容，包括礼法、音乐、射箭、驾车、书写及数学六种技艺。李冶说："数学虽然列在六艺之末，要论在人们的生产和生活中的用途，当数第一。"因此，自从隐居桐川之后，他便把主要精力用于数学研究。当时的许多读书人，都把数学看做"贱技"，认为做官用不着它，不值得研究。李冶却潜心数学几十年，这种精神是多么可贵啊！

李冶在桐川进行数学研究，是以天元术为主攻方向的。这时天元术虽已产生，但还不成熟，就像一棵小树一样，需要人精心培植。李冶用自己的辛勤劳动，使它成长为一棵枝叶繁茂的大树。

天元术是一种用数学符号列方程的方法，"立天元一为某某"与今天"设 $x$ 为某某"是一致的。在中国，列方程的思想可以追溯到汉代的《九章算术》，书中用文字叙述的方法建立了二次方程，但没有明确的未知数概念。到唐代，王孝通已能列出三次方程，但仍是用文字叙述的，而且尚未掌握列方程的一般方法，不知道设未知数。北宋时期，工商业比唐有了更大的发展，尤其是造纸业与印刷业的突飞猛进，直接为数学的发展创造了条件。北宋的土木工程和水利工程很多，经常用到包括方程在内的数学知识。随着数学问题的日益复杂，迫切需要一种普遍适用的列方程方法，以提高工作效率，天元术便在北宋应运而生了。但直到李冶之前，天元术还是比较幼稚的。记号混乱、复杂，演算烦琐。例如李冶在山东东平得到的一本讲天元术的书中，还不懂得用统一符号表示未知数的不同次幂。未知数的一次幂（即 $x$）用"天"字表示，二次（$x^2$）至九次（$x^9$）幂则依次用上、高、层、垒、汉、霄、明、仙来表示，运算之繁可想而知。李冶决心在前人的基础上，创造一种简便而用途广泛的天元术。当时，北方出了不少数学书，如《钤经》、《照胆》、《如积释锁》、《洞渊算书》等，这些书为李冶的数学研究提供了方便。特别是在《洞渊算书》中讲了不少求直角三角形内切圆、外切圆、旁切圆直径的方法，对李冶启发甚大。这类问题统称为"容圆问题"。李冶研究了怎样在不同条件下用天元术求圆的直径，写成代数名著——《侧圆海镜》十二卷，这是他一生的最大成就。

李冶在桐川生活时，条件是十分艰苦的。不仅居室狭小，而且常常不得温饱。据说，他住的房间长、宽各一丈，屋里摆满了书。别人觉得这种生活简直没法过，他却泰然处之。从不间断自己的工作。

有时候，为了筹集一点从事科研和生活的费用，李冶不得不求助于人。李冶很不愿意这样做，他曾感慨地说："开口求人是不体面的。做学问的人穷到捉襟见肘的地步，不得不向人家摇尾乞怜，实在是学者的悲哀啊！"不过，一些开明的官吏和名儒还是很赏识他的学问，如聂珪、张德辉、王鹗等，都曾给予他不同程度的资助。

在桐川，李冶与元好问来往密切，常在空闲时吟诗唱歌，一唱一和。他们的诗清新、流畅、朴实无华，常为远近的人传诵。有时，传诵的人也说不清是李冶的诗还是元好问的诗，便笼统地说是元李所作。李冶生活虽然清苦，但朋友间的情谊，大自然的风光，还是为他的生活带来不少乐趣。元好问曾用下面的诗句形容李冶的住处："萧萧窗竹动秋声，檐间白云澹（澹音dàn，安静的意思）以成。白云朝飞本无意，白云暮归如有情。"诗中颇有自得其乐的味道。

李冶的诗中有一首脍炙人口的《潇湘夜雨》，生动地捕写了远行之人的思乡情：

远寺孤舟堕渺茫，

雨声一夜满潇湘。

黄陵渡口风波暗，

多少征人说故乡。

此诗粗看起来是一幅闲情逸致的画面，但仔细品味，方使人感到一种惆怅的情绪。开头两句，语言流畅自然，有如一幅素雅的山水画。第三句是过渡句，为最后点明的思乡主题渲染气氛。末句是画龙点睛之笔。远行的人们，在雨夜的孤舟上深深怀念着家乡，不禁溢于言表。读到这里，读者已在不知不觉中被引入了诗的意境，从内心深处发出了对那些征人的同情。

1242年，李冶到河南去了一趟，从阳翟找到父亲的灵柩，归葬于故乡栾城。他请元好问写了一篇纪念父亲的碑文，立碑于坟前，不久便又回桐川，继续在他那数学王国里奋斗。

经过多年的艰苦奋斗，《测圆海镜》终于在1248年完稿。它使天元术达到相当完善的程度，无疑是当时世界上第一流的数学著作，但在中国却没有引起重视。对这一点，李冶是早就料到的。他写完《测圆海镜》后，感慨地说："我写这本书，可算是呕心沥血了。世人会如何评论呢？同情我的大概数以百计，而嘲笑我的则数以千计吧！"但他接着又说："我既有收获，便自得其乐，何必计较别人的同情或嘲笑呢？"实际上，《测圆海镜》一书直到1282年（元至元十九年）才得以出版，这时李冶已去世三年了。

《测圆海镜》是我国现存最早的一部以天元术为主要内容的著作，所以是非常宝贵的。书中的天元术分为三步：首先"立天元一"，这相当于设未知数 $x$；然后寻找两个含有天元的等值多项式；最后把两个多项式连为方程。李冶称未知数为天元，称方程式为天元式，采用由高次幂到低次幂上下排列的顺序。例如，方程

$$-x^2+320x-132800+13056000x^{-1}=0$$

便写成图1的形式，其中"太"表示常数项，也可不标太字而在一次项旁标"元"（天元的简称）。图中的数码是算形象的反映。算筹是中围古代用于计算的小竹、木棍，在珠算产生以前，

图1 天元式

它是中国主要的计算工具，在春秋战国时代就普遍使用了。摆筹的方式有竖式、横式两种：

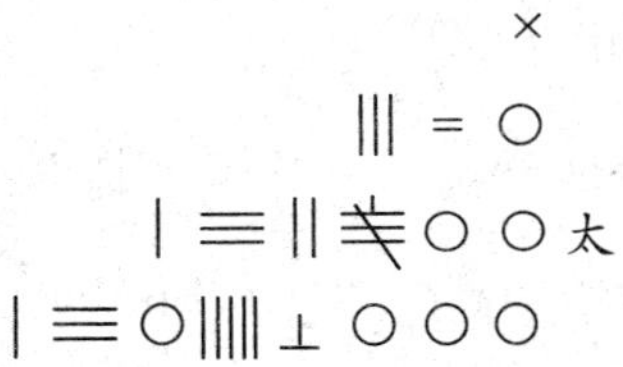

竖式　𝍠　𝍡　𝍢　𝍣　𝍤　𝍥　𝍦　𝍧　𝍨

横式　𝍩　𝍪　𝍫　𝍬　𝍭　𝍮　𝍯　𝍰　𝍱

分别表示1，2，3，4，5，6，7，8，9。使用时横竖相间，可以表示任何正整数。后来，这种算筹记数的形式演变为数码，用于书写。

《测圆海镜》卷一的圆城图式是全书的出发点。该图以一个直角三角形及其内切圆为基础，通过若干互相平行或垂直的直线，构成16个直角三角形。全书一百多道题

都是已知某些三角形边长，求圆的直径。有的简单，有的复杂，但所有的题都给出推导方程的详细过程。后人重印这本书时，往往在书名后加上"细草"二字，成为《测圆海镜细草》。书中的方程有二次的，有三次、四次的，还有一个六次方程。不管方程的次数高低，李冶都是在写出方程后便给出结果，不写解方程的过程。他当然会解所有的方程，不然，结果怎能准确无误呢！读者要想了解当时的人是怎么解方程的，就需要看与李冶同时代的另一位大数学家——秦九韶的著作了。秦九韶的《数学九章》全面总结了求高次方程正根的方法，比《数书九章》晚一年成书的《测圆海镜》则全面总结了建立方程的方法——天元术。两位互不相识的数学家，"配合"如此默契，这在数学史上是罕见的。实际上，两人可能从没听说过对方。李冶生活在金末元初的北方，秦九韶生活在南宋，当时南北文化交流极少。到1279年元灭南宋统一南北方时，秦九韶已去世十多年，李冶也于这年去世。所以，我们看到两人的著作中从未提到过对方，就不会感到奇怪了。两人各自独立地进行数学研究，对我国数学的发展做出了几乎是同样重要的贡献。

# 杰出贡献

　　同以前的数学书相比，《测圆海镜》有许多新成果。以前，人们认为方程的常数项是表示面积、体积等几何量的，所以只能为正。李冶认识到，常数可以有纯代数意义，不一定表示几何量，所以可正可负。当时的数学书，根据应用题列出的方程多为二次，李冶却用天元术列出了许多高次方程，包括六次方程

　　$-2\chi^6-714\chi^5-62165\chi^4-2220302\chi^3$
$+82926816\chi^2+1725602816\chi$
$+51336683776=0$

　　书中出现了分式方程，并懂得用方程两边同乘一个整

式的方法，化分式方程为整式方程。当方程各项含有公因子$x^n$时，李冶便令次数最低的项为常数项，其他各项都降低$n$次。李冶的这一做法，相当于用$x^n$去除方程各项，从而降低方程次数。例如，他在得到方程

$$-4\chi^5+3600\chi^4-1256400\chi^3+105840000\chi^2=0$$

后，便化简为

$$-4\chi^3+3600\chi^2-1256400\chi+105840000=0$$

以上这些，都是对我国方程理论的发展。

在《测圆海镜》中，李冶采用了从0到九的完整数码。除0以外的数码古代就有，是筹式的反映。但筹式中遇零空位，没有符号0。这样，写起来就很不方便了。人们很容易把2308与238弄混，或把750当做75。怎么办呢？李冶首先想到，《唐书》在叙述历法时曾用"空"字表示天文数据的空位。能不能在数码中用"空"表示零呢？这样，2308就写成 ＝ ⫿ 空 Ⅲ 。算筹形状的数码中加一个汉字，显得很不协调，而且笔画多，写起来费事。用什么符号表示零呢？李冶考虑了许久。"这个符号，应该是既简单、又好看，便于人们书写的。"李冶踱着方步，自言自语地说。

桐川的夏天，骄阳似火。只有在天黑以后，凉风才

徐徐吹来。对李冶来说，夏夜的油灯旁，小桌上，便是做学问的好地方。他翻开汉、唐典籍，发现某些地方用口表示脱落的文字。李冶的眼睛一亮，困扰自己多日的问题似乎有了答案。"何不用这个方框表示零呢？"他立刻拿起笔来，蘸饱了墨，工工整整地写下 — ‖ ☐ ⫪，以表示1308。他端详了一会儿，觉得符号☐与其他符号配在一起，是很协调的，这比用空位或汉字表示零强多了。在此后的一段时间里，他便用☐表示零。

后来，李冶发现符号☐写起来还是不够方便。它像汉字口，有三画。能不能再简单一点呢？有一次，他在草稿纸上写天元式时，为了加快书写速度，不知不觉地把☐写成了草体，像个圆圈。这个不方不圆的符号引发了李冶的灵感："干脆用圆圈表示零，不是比☐更简单吗，一笔就写成了。"李冶仔细地画了一个圈。觉得很好看。但他又想："别的数码都是横平竖直，唯独零用圆圈表示，合适吗？"一时拿不定主意。他放下纸笔，推开房门，深深吸了一口新鲜的空气。皎洁的月光普照大地，不远处传来潺潺的溪水声。他在小路上漫步，除了草地中的蟋蟀声，可以说是万籁俱寂。他一边思考着是否用圆圈代表零，一边抬起头来，望着夏夜的星空。一轮大而圆的月亮高挂天空，周围的星显得稀疏了。"圆的东西是美好的。"李冶头脑中闪过这样一个念头。他继而想到，圆的太阳、圆的珍珠、圆的果实……似乎圆是与美连在一起的。就连人间的一些美好事物，也离不开圆，如团圆、圆梦、圆满等，佛教徒谈到死时还忘不了圆，叫"圆寂"。在中国人的心目中，圆即美满。"对！就用〇代替口。它既好看又好写，何乐而不为呢？"想到这里。李冶匆匆赶回家中，用新的符号连写了几个方程式。从那以后，他便一直使用符号〇了。

另外，李冶在《测圆海镜》中还使用了负号和一套相当简明的小数记法。

在李冶之前，负数是以汉字"负"来表示的，没有专门的符号。在进行筹算时，则把表示正数的筹染成红色，表示负数的筹染成黑色，或者用摆法的正、斜来区别正、负。李冶在写《测圆海镜》时，要进行大量的正、负数运筹，上述办法实在不方便。善于动脑筋的李冶便试图用一个简单的符号来表示负数。他首先想到了"－"，在数字旁加一横来表示负。行不行呢？这样，－156便写成 $⫿\!\equiv\!\top$ －，末尾的一横很容易使人误认为数字一，用一竖"｜"来表示负同样行不通。若在数字上画一斜线，来表示负数，

如何？"他想到这里，在156的6上画了一条斜线，成为

||≣下，觉得很满意。但他又想，一个数字有好几位，这条斜线画在什么地方呢？因为原来表示负数的"负"字写在数字的右边，他自然想到在末位画一条斜线。但是，若末位是0呢？0是没有正负的，在上面加一斜线似乎不妥。李冶经过反复考虑，终于作出决定：在负数的最后一位有效数字上加一斜线。如用 |⊥ 卌 表示−175，用 川⊥0表示−360，等等。就这样，负号在桐川一间茅屋里诞生了！这是李冶的骄傲，也是中国人的骄傲。负号发明以后，随着元朝的统一，迅速传遍全国，它为数学计算提供了方便，促进了数学的发展。

那么，小数该如何表示呢？在李冶之前，小数表示一般离不开数名，如7.59875尺记作七尺五寸九分八厘七毫五丝。小数位数越多，数名越繁。在《隋书》中，著名的祖冲之圆周率记作"三丈一尺四寸一分五厘九毫二秒六忽。"李冶则取消数名，完全用数码表示小数，纯小数于个位处写0，带小数于个位数下写单位，如0.25记作○═||||，5.76记作 ||||⊥下。

李冶的小数记法在当时是很先进的。直到16世纪，西方的小数记法还很笨重。例如比利时数学家斯带文在1585

年出版的《论十进》中，把每位小数都写上位数，画上圆圈。这样，27.847便写作27⓪8①4②7③，这种记法显然不如李冶的记法简便。直到17世纪纳皮尔发明小数点后，小数才有了更好的记法。至于负号，在国外是德国人于15世纪才发明的。

　　以《测圆海镜》为代表的天元术，对后世数学的发展影响很大。李冶死后不久，天元术经二元术、三元术，迅速发展为四元术，解决了四元高次方程组的建立和求解问题。这些代数成就达到了当时世界上的最高水平，可惜的是没有及时传到国外。

# 封龙书院

李冶写成《测圆海镜》后不久，到太原住了一段时期。太原府的长官请他出来做官。他婉言谢绝了。李冶曾目睹金朝官府的腐败，而蒙古军队灭金的过程中，又大肆屠杀人民，抢掠财物，他实在不愿为蒙古统治者效劳。后来，他又流落到平定，平定侯聂畦很尊重他，把他接到自己的帅府来住，并给了他一些资助。聂畦没有勉强他做官，而是看重他的学识，希望他能成为自己的"智囊"。李冶很感激聂畦的慷慨相助，两人常在一起谈古论今，话很投机，彼此视为知己。但李冶想，在这里寄人篱下，总不是长久之计啊！他怀念着自己的亲人，怀念着故乡栾城和少年求学时的元氏县。

1251年，李冶的经济情况已经好转，河北一带也比较安定了。李冶得到消息，战乱中失散的儿子克修已在元氏县定居。于是，他终于结束了在山西的避难生活，回到元氏。他在离县城25千米的封龙山下买了一点田产，以维持生活，并开始收徒讲学。李冶一生不求显贵，但却努力著述，乐于教人。他那渊博的学识、友善的态度，以及因材施教、循循善诱的教育方法，吸引了越来越多的学生。不仅青年人来求学，有些已有官职的中年人还慕名而来，聆听李冶教诲呢，不久以后，学生便增至数十人，家里自然是容纳不下了。于是，乡人们便聚在一起，商议建学堂之事。封龙山中，本有北宋文学家李防的读书堂故房基，但战乱以来废而不治，荆棘丛生。如果修复一下，让先生在这里讲学，不是乡里的一件美事吗？大家把这个想法告诉李冶，李冶十分高兴。大家纷纷从家里拿来锹、镐，又搜集木料砖石，请来木工、瓦匠，修整房屋。有钱的出钱，有力的出力，干得热火朝天。在师生的共同努力下，不出两月，学堂便修成了。因为在封龙山中，被称为封龙书院，远近闻名。

封龙山原名飞龙山，在恒山南面，唐代以后才改为今名。山上峰峦明秀，泉石清美，草木茂盛，确是讲学、进修的好地方。远远望去，山势如卧龙，南方的龙首峰高1800米，顶上有两块巨石，宛若龙角。封龙书院便坐落在龙首峰下。据县志记载，书院整洁、肃穆，正堂内有孔子的大幅画像。

封龙山上四季景色宜人：春天是山花烂漫，夏天是云烟缥缈，秋天是层林尽染，冬天是玉树银花。信步游山，令人心旷神怡，难怪李冶深爱此山。封龙书院遗址尚在，旁边有一眼清泉，名"蒙泉"，泉水清甜可口，山上还有如诗如画的老龙潭瀑布和收藏汉代碑刻的汉碑亭。如今，封龙山已被列为旅游景点，接待中外游客。

在封龙书院，李冶不仅讲数学，也讲文学和其他知识。他在这里呕心沥血20年，培养出大批人才。他的学生遍布北方各地，可谓桃李满天下。逢年过节，常有学生远道而来，拜见李冶，成为他晚年的一大乐事。

# 王庭问答

　　蒙古灭金以后，忽必烈为了加强对汉族居住广大地区的统治，对金朝遗老采取安抚政策，多次召见金朝旧臣及各地的知名学者，询问治国安邦之道，并从中选拔人才。1257年，他派董文用专程去请李冶，还亲笔写信说："我早就听说先生学识渊博，才华出众，却隐居山林，不求功名。很想见先生一面，望勿推辞。"李冶虽不想做官，但他对国家大事还是关心的。这几年，他听说在蒙古与南宋交战的过程中，忽必烈率领的军队纪律较好，不妄杀平民，而且忽必烈对知识分子比较尊重，所以李冶对他有好感。他想，趁此机会向忽必烈提些建议，也许会对国家有好处。于是，在5月的一天，他便乘董文用的马车来开平（今内蒙古正蓝旗）见忽必烈，坦诚地表达了自己的政治见解。

忽必烈首先问李冶："你曾在河南做官，你认为金朝诸臣中，谁称得上贤臣？"李冶答道："金朝存在一百多年，也出了不少人才。但在危急存亡之际，完颜仲德最可嘉。"他提到的完颜仲德，进士出身，是金哀宗时的大将。他奋力抗蒙救亡，所率部队纪律严明，从上至下同仇敌忾。金亡后自杀而死。忽必烈问李冶："仲德喜欢读书吗？"李冶答道："仲德博览古今之书。他所以能以国忘家，为国捐躯，实从读书中来。"忽必烈连连点头，又问李冶："你以为天下该如何治理？"李冶回答说："治理天下，可以说难于登天，也可以说易如反掌。为什么呢？如果国家有明确的法制，做到有法必依，并重用君子，疏远小人，国家必然安定。如此治理天下，不是易如反掌吗？若国家没有法制，或者有法不依，违法不究，重用小人，疏远君子，国家必乱。如此治理天下，不是难于登天吗？"他强调说："治理国家，最重要的莫过于法制和纪律。制定纪律，为的是有上下共同遵守的准则；严肃法制，为的是奖善惩恶，赏罚分明。当今社会上，有功者未必得赏，有罪者未必被罚，甚至立了功反而遭受讽刺、打击，有罪之人反而受宠，这都是国家的赏罚不明所致，发展下去是很危险的。"

在谈到人才问题时，李冶说："天下的人才并不缺乏，求则得之，舍则失之。"他推荐了魏瑶、王鹗、李献卿、郝经等，说这些儒生"皆可用之材"。忽必烈点头称是，李冶提到的这些人，他都接见过。他立刻回忆起这些学者的言谈举止，觉得李冶的话很有道理。李冶接着说："四海之内何止这几个人呢？如果您能广开言路，各方求贤，必然会有大批人才来到您的身边，云集于朝廷之内。"忽必烈又问："回纥人可用否？"李冶答道："汉人中有君子、小人，回纥人也有君子、小人。国家应该择而用之。"李冶主张任人唯贤，反对种族偏见，认为只用蒙古人和汉人并不妥当。

最后，忽必烈向李冶询问地震原因。因为刚刚发生了一次地震。李冶答道："天降灾害，是为了警告人君。现在发生地震，不外乎以下原因：也许是有奸臣在您身边，也许是盛行走后门，也许是进谗言的人太多，也许是刑罚不当，也许是无故征伐他国。五者必居其一。"说到这里，李冶抬头看了看忽必烈，只见他听得很入神，若有所思。于是，李冶便趁机劝告忽必烈："上天爱护人君，如同爱护自己的孩子，所以才用地震来提醒您。如果能够辨别奸邪、杜绝走后门、不听谗言、减轻刑罚、停止征伐，便是合乎天意、民心，必然国泰民安，不会有灾变了。"由于时代的局限，李冶对地震原因的解释并不科学，但他向忽必烈提出的5条政治建议，却有着进步意义，不失为当时的治国良策。其实，李冶未必研究过地震成因，他不过想假托地震表达自己的政见罢了。如果直接批评蒙古统治者，不就触犯龙颜了吗？李冶的这些建议都是有的放矢的。他早就对蒙古统治者发动的战争及严苛的法律不满。所以才提出要"减轻刑罚，停止征伐"。

对于李冶的议论，忽必烈表示了赞赏。从他即位后的用人来看，李冶的意见还是对他有一定影响的。

# 数学教育

　　李冶会见忽必烈之后，回封龙山继续讲学。1259年，李冶写成另一部天元术著作：《益古演段》三卷。如果说《测圆海镜》是为数学家写的，那么《益古演段》就是为他的学生写的。李冶认识到天元术的重要性，但《测圆海镜》比较深奥，粗知数学的人看不懂。于是李冶便在教学的同时，着手写一部普及天元术的著作。他曾读过北宋数学家蒋周的《益古集》，内容多为二次方程，列方程的方法则是几何的，不懂得设未知数。李冶用天元术对此书进行研究，于是有《益古演段》之作。演是推演的意思，段是"条段"的简称，因为方程各项常用一段段的条形面积表示，所以称为条段。李冶在序言中说："如果能使稍有数学知识的人看懂此书，掌握天元术要领，我将感到十分快乐。"

　　当时的数学书虽然不少，但缺乏适于普及的精品。在李冶看来，有的作者故弄玄虚，把数学说得很神秘，而且用词晦涩，以为看懂的人越少就说明自己越有学问；有的作者又把书写得浅近粗俗，平淡无味，使人读了少有收获。李冶很欣赏蒋周的《益古集》，因为它深浅适中，文字简练，题目又有实用价值。该书为他几年来苦苦思索的一个问题找到了答案，那就是：通过什么途径来普及天元术？李冶知道，天元术之所以难普及，就因为它太抽象了。自古以来，人们习惯于度量和计算那些看得见的几何量，如长度、面积等。对于较复杂的立体图形，已感到难于想象了，而天元术所建立的方程居然可以高达四次甚至更高，人们简直无法理解一个量的四次方是什么东西？所以感到高次方程是十分神秘的。面对《测圆海镜》这样的高水平学术著作，许多人只好望洋兴叹了。李冶想，天元术的优越性不仅表现在建立高次方程，也表现在建立二次方程。二次方程解决的面积之类的问题，既可用几何方法，又可用代数方法——天元术。如果能把二者结合起来，以几何方法解释天元术，并通过二者的比较来说明优劣，一定能达到让读者理解天元术并乐于使用天元术的目的！想到这里，李冶便选中了以解决方、圆面积问题为主的《益古集》，该书的方程都用几何方法导出，比较直观，但复杂多变；天元术比较抽象，但方法简单，不需要很多技巧。在具有一定的抽象能力后，人们会感到天元术比几何方法优越得多，许多难于画图、用几何与算术方法费解的"难题"，只要设个未知数（即"天元之一"），解起来便易如反掌了。李冶决心使自己的《益古演段》成为一座桥，使人们由几何方法的彼岸走到天元术中来。

《益古演段》全书64题，都是平面图形，所求多为圆径、方边、周长之类。其中60题是二次方程，其余4题是一次方程，内容安排从易到难。书中新、旧二术并列，新术是天元术，旧术是蒋周的图解法。书中常用人们易懂的几何方法对天元术或代数公式进行直观解释，图文并茂，深入浅出。例如，书中讲到了"四积一较幂"公式，较指两数的差，幂即自乘积。用现代符号表示，则此公式为

$$(a+b)^2 = 4ab + (a-b)^2$$

李冶画图，其中每个"池"长$a$宽$b$，这样，公式的几何意义便一目了然了。

另外，李冶还在列方程时创立了设辅助未知数的方法。如果方程的首项系数四积一较幂大，用筹算来解方程是比较麻烦的。遇到这种情况时，李冶便设法缩小首项系数，尽量把它变为1。例如，他在得到方程

$$-22.5x^2 - 648x + 23002 = 0$$

后，便设$y = 22.5x$，使方程变为

$$-y^2-648y+517545=0。$$

当然，李冶时代是没有 $x$、$y$ 的，我们这里借用了现代符号。李冶称这种设辅助未知数的方法为连杖同体术。顾名思义，他是把辅助未知数看做与原方程连为一体的一个分枝。这种方法在代数上是很有用的。我们在遇到较复杂的方程时，不是也往往通过辅助未知数来简化方程吗？

李冶写成《益古演段》后，便以此为教材，他的数学教育更有系统了。虽然他已是著名数学家，但每次备课都十分认真，准备讲给学生的题目，自己必先演算一遍。他讲课条理清楚，并注意启发学生独立思考，让学生多做题，因此教学效果很好。除数学外，他还向学生讲解儒家经典、文学知识和历史。在这样一位多才多艺、博古通今的老师门下读书，学生们都感到乐在其中。不少人远道而来，拜李冶为师。

李冶对于求学的人，可以说是来者不拒。他效法孔子，有教无类，不限制出身，也不限制年龄。李冶的学生中，上至宰相的儿子，下至农夫、商贩；年长者两鬓斑白，年少者才十几岁。

李冶讲学属于私学，没有固定的学制。但他对学生要求严格，每年都要进行考核，学生学成之后，便可以离校了。由于李冶的声望和他的高质量教学，各地官府都愿任用他的学生。

# 隐居山林

　　年逾花甲的李冶，全身心地投入讲学著书活动。他在闲暇时喜欢爬山，与蜿蜒起伏的封龙山结下了不解之缘。人们说他"爱山嗜书，此外再没有别的爱好了"。李冶热爱科学，热爱大自然，却把功名看得很轻，尤其不愿负辱求名。这从他对忽必烈的态度可以看得很清楚。

　　1259年，忽必烈正率军攻打南宋的鄂州（今湖北武昌），突然得到他的哥哥——蒙古大汗蒙哥的死讯。忽必烈为争夺帝位。不得不罢兵北归。1260年（中统元年），忽必烈当了皇帝，即元世祖。第二年7月建翰林国史院于开平，让王鹗负责翰林院的组织工作。王鹗推荐李冶入翰林院，忽必烈欣然同意。他聘请李冶至京（即开平），许以清高而显要的工作——翰林学士知制诰同修国史。翰林学士是官衔，知制诰是官名，掌管起草诏令（以帝王名义下达的文件称"制诰"）；同修国史是具体的工作任务。李冶此次来京，第二次见到忽必烈，不像上次那样慷慨陈词了。在说了几句客气话以后，便向忽必烈表示："我现在年老多病，实在难当此任。您还是另寻高明吧！"忽必烈见他不愿做官，也不勉强。李冶辞别忽必烈后不久，便重回封龙山隐居了。

李冶当时69岁，身体尚好，耳聪目明。他拒绝元世祖的聘请，并非身体原因，也不是能力不足，因为他的文史功底相当深。那么。他为什么不肯为朝廷效力呢？第一，李冶在上次会见忽必烈时，曾诚恳地劝告蒙古统治者"停止征伐"，但四个月后，蒙哥汗及忽必烈等便率领大军出师南征，企图灭宋。对这种"伐人之国"的战争，李冶是不赞成的。这是李冶不愿出来做官的原因之一；第二，由于南宋军民的奋勇抵抗，使蒙古军队直到1259年夏仍无重大进展，蒙哥汗也死于战场。1260年3月，忽必烈在开平称帝，他的弟弟阿里不哥不服，起兵反抗，蒙古统治区陷入连年的内战。忽必烈聘请李冶时，内战正在进行，李冶不愿在这种动荡的局势下作官。他对家人说："世道不好，君子是不该出去做官的。若顺潮流则违心；若逆潮流又无回天之力，反招祸患。所以只好隐居。"

李冶选择隐居的道路虽属不得已，但他对自己的选择还是很满意的。他说："君子可以做官，也可以隐居。但是，只有那些德、才兼备而不肯轻易出去做官的人，才可称为隐士。一些不学无术、行为怪僻的人以'隐士'自居，实在是徒有虚名，亵渎了隐士的美名。若无德无才，只在穷乡僻壤中苟延残喘，那算什么隐士啊！"在李冶看来，真正的隐士也是君子，他以自己能成为这样的君子而自豪。

# 翰林学士

翰林国史院于1261年（中统二年）初建时，蒙古内战正在进行，翰林院未能正常开展工作。1264年（至元元年）7月，阿里不哥大败，溃不成军，不得不率诸王来降。蒙古内战结束，使忽必烈把较多的注意力放在经济和文化建设上。他于8月迁都燕京，并改名为中都（今北京）。王鹗不失时机地建议世祖重组翰林院，修国史与辽、金史。世祖采纳他的建议。于当年9月重立翰林国史院于中都。1265年（至元二年），世祖再召李冶为翰林学士知制诰同修国史，并派车去接。李冶不便推辞，于是随车前往中都，在翰林院任职。

李冶的工作有两项，一是为皇帝起草诏令，二是参与编写蒙古史。他做这些工作毫无困难。但他是一个崇尚思想自由的人，对任何人都不愿唯命是从。他不久便发现，翰林院的工作环境不符合自己的性格。虽然不少人把能为皇帝起草文件看做十分荣幸的事，但李冶认为对自己来说没什么意义。作为一个有识之士，应该为国家的治理出谋划策，现在却只能按皇帝的意思写文件。不仅提不得反对意见，即使由于对皇帝的心意揣摸不透而出现文字上的疏漏，也会被认为失职，所以只能小心翼翼地遣词造句，绝对不可把自己的思想加进去。这样工作真没意思！至于修史，李冶本以为可以有所作为，因为自己读过不少史书，对蒙古史也多有耳闻。他十分赞赏司马迁的观点：“通古今之变，成一家之言。”他在读司马迁的《史记》时，不只一次地拍案叫绝。他非常钦佩司马迁的忠于历史的精神，认为写史就要写成《史记》那样的信史。他也深深地为司马迁的文笔所折服，感到读《史记》不仅是在了解历史，简直可以说是一种文学享受。众多的历史人物栩栩如生，各种形象跃然纸上，使人爱不释手。他想以司马迁为榜样，把自己的见解融于历史记载，成为“一家之言”。把国史写得既真实又生动。但他发现，他的愿望根本实现不了。蒙古统治者让他们编史，主要目的不是为他们提供研究历史的机会，也不是为后人留下详实的资料，而是为政治服务，为巩固蒙古统治服务。不仅不能在史书中阐述自己的观点，就是史实的取舍，也要符合统治者的意愿。为了美化蒙古统治者，监修官甚至让他们歪曲历史。蒙古军队在征伐邻国时的许多重大暴行不准写入史册，统治者的决策失误也要回避。对于蒙古内战的双方，败者要极力贬斥，胜者要歌功颂德，真是胜者王侯败者贼！虽然翰林院的工作不算繁重，生活也比较舒适，但李冶却感到心情压抑，因为在这里呼吸不到新鲜的空气。他不敢违抗统治者的意旨，又不愿在编史时隐瞒或歪曲历史，说违心的话。因此，他在工作了几个月之后，编史的热情便越来越低了。

日月如梭，转眼到了冬天。京城内外，白雪皑皑，寒风凛冽。李冶常常一个人走出翰林院，在小路上漫步。在他的脑海里，不时闪过家中亲人的形象。虽然这里是繁华的京城，他却有一种"独在异乡为异客"的惆怅。年逾七旬的李冶，实在不愿在这里干了。睡梦中还常常见到郁郁葱葱的封龙山，见到自己那些可爱的学生。

最后，李冶终于鼓足勇气，同监修历史的左丞相耶律铸谈了自己的想法，谈了自己不能效法司马迁的苦恼。通过近一年的交往，耶律铸对李冶的人品及学识有了进一步的了解。他叹了口气，说："司马迁的《史记》是私修，我们的史书是官修啊！我也有自己的观点，可是，我是代表圣上来监修历史的，怎敢不照圣上的意旨行事呢？"李冶表示自己心力不支，想回家养老。耶律铸很同情他，并向元世祖转达了李冶恳求还山的愿望，忽必烈未予强留。他虽然希望海内的知名学者能为朝廷服务，但对那些不愿为自己所用的知识分子，他从不勉强，也不干涉其学术研究。作为一个封建皇帝，能做到这一点就算不错了。

李冶在临行前致书翰林院，说："翰林院并非病人居住的地方，官禄也不是庸夫应该得到的。"其实，这不过是他的婉言推托之辞。李冶接着说："官场上的诽谤是令人畏惧的。"这句话才道出了他辞职的真实动机。李冶像他父亲一样，遇到不平事便要争曲直。他的这种性格，难免受到那些只知见风使舵、迎合上司的人的非议。若在家乡，有人议论并不可怕。但这是在天子脚下，一些冒犯朝廷的话被官场上的人听到，就可能招致祸患。在这里提心吊胆地过日子，真不如回家养老，自由自在地生活。他私下里对人说："按皇帝的旨意起草诏令，在宰相的监视下编写历史，作者不能以是为是，以非为非。在我看来，只有那些善于逢迎的小人才欣赏这类工作呢，有识之人恐怕会感到羞耻。"

李冶在翰林院任职正好一年。临行前，耶律铸为他饯行。席间赠诗一首："一代文章老，素车归故山。露浓山月净，荷老野搪塞，茅屋已知足，布衣甘分闲。世人学不得，须信古今难。"这里的古今难，指李冶的《敬斋古今黈》一书，敬斋是李冶的笔名，难是问难的意思。全诗大意为："文学上的一代宗师，就要乘坐古朴的马车回归故山了。那是个山清水静的地方，夜晚月光皎洁，清晨露水浓重；池塘里荷花渐老，凉意袭人。有茅屋避风雨，已经知足；穿布衣御寒，自得其乐。这种不求功名、不图富贵的清高之士，一般人是学不来的。要领会高士的思想境界，还是看看《敬斋古今黈》吧！"后来，李冶把书名改为《敬斋古今黈》。一是黄色的意思，这里表示黄棉。古人有"黄棉塞耳，不听谗言"的话。李冶把黈字写进书名，便表现了他独立的人格与精神，决不随波逐流、人云亦云。不过。他选择这样一个生僻的古字，使许多读者认不得，常误渎为"注"。

# 三老四贤

李冶从山西回到元氏以后，便常在讲学之余与元好问，张德辉一起游封龙山。三人情投意合，关系最密，人们称他们是"龙山三老"。三老之中，元好问的名望无疑是最大的，因为他是当时的一位大诗人；流传至今的金代诗歌总集《中州集》便是他编的。他曾说过："我死后，不必为我写墓志。只要在坟前立一个三尺高的石碑，写上'诗人元遗山之墓'（遗山是元好问的笔名），我就心满意足了。"金朝灭亡之后，好问一直没有做官。1235年以后，史天泽掌管真定府，张德辉在他手下为官。李冶回元氏时，他正负责真定地区学校的管理，元氏县也归他管。

三老当时有一个共同的政治目标，就是争取忽必烈尊重汉族的知识分子，按照儒家思想治国。

实际上，早在1247年，忽必烈便在漠北的和林（今蒙古国哈尔和林）召见了张德辉，访求人才，德辉举荐了魏璠、元好问、李冶等二十余人。1252年，李冶与元好问、张德辉一起谈论国家大事，认为蒙古统治者正在以武力打天下，缺乏治理国家的文官，而且兵役过重，影响到文化、教育。张德辉根据自己会见忽必烈的体会，认为此人对知识分子还比较同情，对孔子也有兴趣，何不尊他为儒家的首领，利用他在最高决策机构中的地位，来推广汉族的文化？于是，他们便联络了各地的一些学者，决定尊忽必烈为"儒教大宗师"。1252年秋，张德辉与元好问亲自到和林见忽必烈，奉上"儒教大宗师"的称号，忽必烈十分高兴。他们还请求忽必烈免儒户的兵役，这个目的也达到了。

1257年，68岁的元好问病逝。三老之中，只剩下二老了。1260年，忽必烈称帝以后，便起用张德辉为河东宣抚使，管理临汾、太原一带。当时河东很乱，官府与豪强狼狈为奸，欺压百姓，向农民滥征赋税，甚至预征几年的税，农民苦不堪言，不少人逃往他乡。德辉做事果敢，上任后坚决打击豪强，罢免赃官，合理摊派赋税和劳役，并注意兴修水利、发展农业生产。当地被治理得井然有序，老百姓得到温饱，安居乐业。有些七八十岁的老人，远道赶来见张德辉，称赞说："多年来战乱不断，贪官污吏横行，60年没见到这样的太平官府了。"1261年，中央政府考察各省官员的政绩，张德辉被列为最优。忽必烈亲自接见他，予以嘉奖，并向他询问治国之策。后来，朝廷打算提升他为侍御史，他因年老体弱而未就职，告老还乡，约1270年（至元七年）病逝，享近80岁。

李冶多交贤士，他不仅与元好问、张德辉并列三老，而且与赵秉文、杨云翼、元好问一起，被称为四贤。1265年（至元二年），山西平定建四贤堂时，其他三位均已去世。

四贤堂源于二贤堂。聂畦为平定侯时，尊重文儒，与李冶、元好问都有来往，曾把李冶接到府中来住。1254年秋，65岁的元好问途中经过聂家，他又留住数日。席间元好问谈起他和李冶的两位老师——赵秉文和杨云翼，希望在二位先生的故乡建纪念堂。聂畦高兴地说："正合我意。"他一向敬重赵、杨，所以不久便开始筹建二贤堂。不料刚开始动工，他突然得急病身亡，此事便暂时搁下了。1265年，新的平定侯刘天禄得知当初修二贤堂事，认为这是弘扬先贤的好事，应该使聂侯遗志得以实现。他又想，元好问与李冶都是二公门生，早就与二公齐名了。如今，二人名声甚至超过他们的老师。海内之人，不管是否认识元、李，都常常吟诵他们的诗。河南一带的官员和老百姓，谈起有名望的老人时常常提到这四个人，称之为"四贤"。何不改"二贤堂"为"四贤堂"，以作永久纪念？于是，刘天禄便组织工匠建起一所庭院，正堂中置赵、杨、元、李四人的画像。门前一匾，上书"四贤堂"三个大字。落成之时，四贤的不少好友前来祝贺，一些陌生人久闻四贤大名，也不远百里赶来，一睹贤士风采。

当时，李冶正在翰林院任职，他没有应邀参加四贤堂的落成典礼。但是，这一消息加深了他对师友和家乡的怀念。他更不想在翰林院久留了。李冶离开翰林院后，元世祖并没有忘记他，令官府按月给他俸禄，直到去世。

李冶晚年身体康健，德高望重。他的80岁生日时，朋友和学生们纷纷前来祝贺。翰林学士张之翰献诗一首，内有这样几句："四贤堂上无余子，三老山中只此仙。""天教上寿非无意，混一本书要正传。"后两句的意思是：上天使您长寿并非无意，因为您有装满一车的书要进行整删、传留后世啊!

　　李冶平生著述确实很多,堪称一位多产作家。除了《测圆海镜》和《益古演段》以外,他还在晚年整理了自己多年的笔记,写成两部内容丰富的著作——《泛说》与《敬斋古今黈》。《泛说》是一本随感录,记载李冶对耳闻目睹的各种事物的见解。《敬斋古今黈》则是一本读书笔记,涉及文学、历史、数学、天文、哲学和医学,其中以文、史方面的论述最为精彩。另外,李冶作过不少诗词,有十几首保存至今。还著有《文集》四十卷和《壁书从削》十二卷。但这两书已经失传,不知具体内容。只知道《文集》是一部文学著作,收入李冶各个时期的文章。李冶死后,学生焦养直曾为《文集》作序,称赞李冶的作品语意深厚。

# 谈古论今

在《敬斋古今黈》中，李冶谈古论今，发表了许多独到见解。

他说："史不可言命。"即不能把历史事件归于天命。他认为："写历史应从实际出发，有褒有贬，以明辨是非，教育今人。如果一切归于天命，就没有是非了，也就起不到借鉴作用了，要历史学家何用？"他还说，人类历史是有规律可循的，"圣贤之人不违背历史的发展趋势，而能顺应其发展。若不顾历史潮流，勉强行事，必然失败。"

在谈到普通人物与杰出人物的关系时，李冶说："人的本性没有贤、愚之别。为什么有人能成为圣贤呢？那是因为他们善于修养，善于发挥自己的才能。"又说："出身低微的人，只要认真读书，便可以成为教育别人的老师；即使出身高贵，若不好好读书，也只能从事耕田、养马之类的简单劳动。由此看来，怎能不自勉呢？"

李冶作为封建国家的臣民，还曾探讨君主、国家与人民的关系。他说："国家好比一条船，国君是船长，将军和大臣是船员，老百姓就是载船之水。"因此，他认为国家的利害在于君主，就像船的安危在于船长。如果国君英明，臣子贤良，国家就会太平。他渴望有一位好君主，使国泰民安。

在研究历史的过程中，李冶对不少有争议的事件进行了考证。例如，有人认为"西汉赵过是最早用牛耕田的人。"李冶根据自己的考证，否认了这种说法。他说："耦（一种农具）用人，犁用牛。早在春秋时代，就有人用牛拉犁耕田了。赵过的功绩是改进犁的构造，提高了工作效率。

李冶对史实的考证一丝不苟，他反对史实的夸张，更反对把没有根据的传说写入历史。例如《晋书》载，魏时修凌云殿，由于工匠的疏忽，把尚未题字的匾额钉在殿上。钉匾处太高，不便取下，于是把书法家韦诞盛在大笼子里，用辘轳提到80米的高空题字。"韦诞十分害怕，题完字后，胡须、头发全变白了。"李冶认为这是不可信的，"韦诞写几个字，不过是喝杯茶的功夫，恐惧虽甚，须发怎能一下子变白呢？"

另外，李冶还对一些古诗、文的字义进行了考证。例如，他考证出"首级"的意思：

"古时斩敌一首（即头颅）拜爵一级，所以称一首为一级。后来，首级的意思便演化为头颅。"李冶还发现了汉语中的一个独特现象——某些词的否定形式与肯定形式的意义相同，李冶称为"极致之辞"。如"不尴不尬"的意思是尴尬，"无赖"的意思是赖。诸如此类的有趣内容，在《敬斋古今黈》中比比皆是。

李冶的兴趣很广泛。有一次，他和学生讨论数的有限、无限。学生问他："能不能找到一个最大的数或最小的数呢？"李冶回答说："不能。从一到十，百，千，万……这是数的进率；从十分之一到百分之一，千分之一，万分之一……这是数的退率。进数是无穷的，退数也是无穷的。"他举了一个大数的例子——北宋科学家沈括的"棋局都数"（都音dū，即大）。在具有实际意义的数中，当时再没有比它更大的了。这个数是怎么得来的呢？我们都知道，围棋盘共有361个格，每个格可以放黑子、白子或空着，于是有三种不同的情况。对两个格来说，有3×3=9种棋局；对3个格来说，有3×3×3=27种棋局；对4个格来说，有3×3×3×3=81种棋局……依此类推。既然棋盘有361个格，所以从理论上来说，出现的棋局总数是361个3相乘，即$3^{361}$。李冶说，此数虽已大到"无数名可记"，仍然是个有限数，因为棋盘的格子是有限的。实际上，任何具体的数都是有限数，而不存在"最大的数"。

# 光照千秋

　　1279年（至元十六年），李冶已是87岁高龄。他卧病在床，知道来日不多了。他看着身边的一部部书稿，回想自己培养出来的一批批学生，感到没有什么遗憾了，脸上露出一丝欣慰的笑容。除了家人以外，他不想让更多的人知道自己的病情，只想平静地离去而不惊动大家。他唯一的牵挂就是他那部倾注了半生心血的《测圆海镜》尚未出版，虽然社会上有不少抄本，但毕竟不方便啊！再说，抄来抄去，难免出错。李冶把儿子克修叫到床前，嘱咐他要设法尽快出版《测圆海镜》。李冶说："我平生著作不少，只有这部《测圆海镜》值得留给后人。至于其他的书，我死后可以全烧掉。"克修含泪接过李冶反复修改过的书稿，表示一定要实现父亲的遗愿。

李冶死后三年即1282年（至元十九年），《测圆海镜》终于出版了。各地学者争相购买，不久便销售一空，许多人为买不到书而遗憾。由于社会上买书的呼声很高，李克修便组织人力，于1287年（至元二十四年）再版，并请李冶的学生——翰林修撰王德渊作序。随着元朝的统一和数学的发展，李冶的书开始在全国范围流传。

李冶死后不久，元氏县建立了李冶祠堂，里面的塑像栩栩如生，供后人瞻仰。祠堂与四贤堂遥相呼应，都是人们纪念李冶、寄托哀思的场所。

1313年（皇庆二年），元仁宗诏令李冶的曾孙李慎言入翰林院，不久又封为监察御史。他见封龙书院年久失修，为弘扬曾祖父的治学精神，于1321年（至治元年）重修书院。当地人民纷纷响应，李冶当年的学生也捐钱、捐物，书院很快就整旧如新了。慎言请翰林学士袁桷写一篇纪念文章。袁桷欣然命笔，写了《封龙山书院重修记》一文，真实地记载了李冶当年在这里传徒授业的事迹和书院重修的始末，并表彰了李冶一些成大器的弟子。他希望李冶的后人"继承祖先遗志，使书院精神永存。"

李冶的治学精神，确实对后世深有影响。康熙年间，栾城人民仿封龙书院，建龙冈书院于城内，尊李冶为"先达"。乾隆和道光年间，书院曾两次重修。1836年（道光十六年），知县桂超万主持制定了书院章程，对于书院组织、招生制度、待遇、考试及房地产等，都作了明确规定，并立"岁修"制，即每年修整书院一次，由官府拨款，以便书院能长久发挥作用。

根据书院章程，龙冈书院是一个以一年为期的进修学业的场所。聘请"山长"负责书院的日常工作，还有监院（负责学生管理）、董事（管钱）、看守（保护书院）等常设人员。书院有田地30余公顷及捐款3000千文。地租及捐款的利息便是书院的主要经济来源。书院房屋不得挪作他用，也不准私人借住。书院每年2月2日开课，每月集中上课四次，11月底散馆。入学需经考试，录取名额在100以内，前20名可获得奖学金。章程还规定："书院为教育人才之地，理应整齐清肃……如有酗酒滋事者，立即赶走。"书院的教学体制一直延续到清末，对于传播文化、培养人才，起了不小的作用。栾城的知名学者，大多受益于龙冈书院。

本世纪以来，中国发生了翻天覆地的变化，但李冶家乡的人民，一直没有忘怀这位"先贤"。1992年，即李冶诞辰800周年之际，栾城人民建立了一座"李冶纪念馆"，正中矗立着慈祥而端庄的李冶塑像，四周以图片和文字的形式介绍了李冶的一生，馆内陈列着李冶著作的不同版本，还有后人研究李冶及其著作的各种文献。8月2日，县长蓝平信亲自主持了李冶塑像揭幕暨李冶纪念馆开馆仪式。接着，栾城县举办了有五六百人参加的纪念李冶的大会。一些对李冶素有研究的中、外学者应邀在大会上作了学术报告，包括呼和浩特的李迪教授、杭州的沈康身教授、北京的白尚恕教授和孔国平博士，法国的林力娜博士等。他们说："800年前，这片富饶的土地上养育了一位闻名于世的数学家——李冶。这是栾城人民的骄傲，也是值得中华民族引以为自豪的。""希望栾城出现现代的李冶，在各行各业都能出现李冶式的人物、为栾城争光，为全国和世界做出贡献！"纪念会后，内蒙古大学出版社及台湾省的九章出版社联合发表了各位学者的报告，以便海峡两岸的读者进一步了解李冶的业绩。

忆往昔，李冶以自己的毕生心血，在中国科学史上写下了光荣的一页；看今朝，他的优良人品及卓越的学术成就，仍被人们深深怀念着。李冶的事业光照千秋，李冶的精神将永远鼓舞他的家乡和祖国的人民。

# 秦九韶

# 早年的学习生活

　　秦九韶是我国南宋时期的卓越数学家，约1202年（嘉泰二年）生于四川的安岳县。他的父亲秦季槱是1193年（绍熙四年）的进士，后任巴州太守。1219年（嘉定十二年）3月，陕西军士张福、莫简等发动兵变，反对政府。他们带兵进入四川，先后攻取了利州、遂宁、普州等地，又气势汹汹地进攻巴州。秦季槱知道自己寡不敌众，难以抵抗，于是逃离巴州。不久以后，他带领全家辗转抵达南宋都城临安（今杭州）。他在临安担任了工部郎中官职，

1224年（嘉定十七年）升任秘书少监。1225年（宝庆元年）6月，秦季槱被任命为潼州（今四川三台）知府，回四川做地方官。

秦九韶自幼聪明好学，随父亲在临安的五六年时间，他集中精力学习，父亲的官职也为他提供了学习的条件。工部是管理手工业、建筑、交通和金融的部门，工部郎中则主管营建工作，所以秦九韶可以阅读在民间难以见到的建筑书籍，又有机会随父到工地参观，了解施工情况。在和工人们的接触中，他既学到了许多劳动技术，又懂得了老百姓的疾苦，在幼小的心灵中埋下了对劳动人民的同情。秘书省是掌管国家图书、国史资料和天文历数的，下属机构太史局专门研究天文历法。秦季槱当了秘书少监以后，便主管太史局的工作。他有意培养儿子对天文的兴趣，经常带儿子来太史局。秦九韶是个勤学好问的孩子，局里的工作人员都很喜欢他。日食和月食是怎样发生的？为什么可以提前知道？月亮为什么有圆有缺：天上的星为什么有的动，有的不动？还有，一年中那么多节气是怎样确定的？这些天文和历法问题像一个个谜语一样，引起了小九韶的浓厚兴趣。他开始在父亲指导下阅读天文书，还常到观象台通过仪器观察天体，遇到不懂的问题就向太史们请教。短短一年时间里，他学到了不少天文知识。另外，他还向著名诗人李梅亭学习诗词。梅亭是秦季槱的朋友，他觉得九韶很有培养前途，不仅教给他作诗之法，还把自己珍藏多年的诗集给他看。两人常在一起，话很投机，不久便成了忘年交。

秦九韶在临安时，最大的收获是向陈元靓（jìng）学到了丰富的数学知识。陈元靓是位博学多才的学者，比秦九韶大五六岁。凭他的才能，谋个一官半职并不困难。但在当时的动荡环境中，他不愿出来做官，而是在山林隐居，埋头做学问，被称为"隐君子"。他的著作《事林广记》、《岁时广记》等，充满传奇色彩和自然之美，语言清新、流畅。读他的书，就像漫步在鸟语花香的小溪旁，令人轻松愉快。他对中国传统数学也深有研究，家里收藏着许多古算书，现代的《九章算术》、《周髀（bǐ）算经》、晋代的《孙子算经》、南北朝时的《张丘建算经》、《五曹算经》，以及唐代的《缉古算经》，他全有。秦九韶一进他家，就被那一部部字迹清秀的算术迷住了。读过以后，他感到自己被引入了一个神奇的世界。许多复杂的问题，只要使用恰当的数学方法，就会迎刃而解，数学的威力真是太大了！陈元靓告诉他，《九章算术》是数学的经典，要学好数学必须以这本书为基础。他还说，学数学的目的是为了应用，应该结合社会上的各种实际问题来学习，秦九韶牢牢记住了。实际上，《九章算术》讲的便是各种应用题的解法，包括面积、体积计算、比例问题、开方问题、纳税和运输问题等，还有多元一次方程组和勾股定理的应用。秦九韶觉得书写得很好，但也感到那个时代离现在太远了，现在的许多新问题，用古算书上的方法是解不出来的。"老师不是说学数学是为了应用吗？要是写一本数学书来解决现在的各种问题，那该多好啊！"年轻的秦九韶心中，已经萌发出写书的激情了。

　　秦九韶是个精力充沛、兴趣广泛的青年，他除了学习天文、数学、营造及诗词之外，还通音乐、好踢球，射箭和舞剑也是他的爱好，操场上常常见到他和同伴们练武的身影。秦季槱的同事不住地称赞："你儿子真是个全才啊！"再加上九韶长得英俊、举止潇洒，可以说是朋友如云。一些女孩子也暗送秋波，以种种方式表达对他的爱慕之情。比利时数学史家李倍始在提到秦九韶时，以赞美的口气说，这位奇才"无疑具有迷人的品格"。

# 投身于抗蒙斗争

在临安生活6年之后，秦九韶于1225年（宝庆元年）随父到四川。这时的九韶已是成年人了，担任漳州知府的秦季楣让儿子在府里协助自己工作。不久以后，秦九韶便在府衙所在地鄞县当了正式武官——县尉。当时，南宋正面临蒙古军队的威胁。秦九韶心怀报国之志，加紧操练人马。他后来有机会向朝廷陈述政见时，曾说："让未经训练的队伍去打仗这是上面的过失。"他从当县尉开始，便十分注意军士素质的提高，教给他们必要的军事知识。九韶能文能武、体贴士卒，很受属下爱戴。1230年（绍定三年）前后，李梅亭到成都做官，离郡县不远，他与九韶有不少接触的机会，对他有进一步的了解。1233年（绍定六年），李梅亭被调回临安，提名秦九韶做国史院的校正官。但九韶认为作县尉能更好地施展自己的才能，所以没有赴任。

1236年（端平三年），蒙古军已攻占成都。10月，元太子阔端亲率大军东下，不久便攻到潼州。秦九韶率领部队，奋勇抵抗，县里的老百姓也全力支持，帮助守城、运输、救伤员。军民同仇敌忾，打退了敌人一次又一次的猖狂进攻。但当时南宋朝廷腐败，没有形成一个统一的、强大的抗蒙阵线，郭县孤城难守。到第二年，终因寡不敌众，又无外援，郭县失守了，整个潼州受到蒙古铁骑的践踏。秦九韶想："留得青山在，不怕没柴烧。"他决不投降，但也没有在大势已去的时候和敌人拼命，而是化装成普通百姓，逃离四川。他要养精蓄锐，寻找时机，再和敌人较量。

秦九韶离开四川后，往东南避难，过着颠沛流离的生活。但他时刻不忘抗蒙救亡，报效国家。他听说朝廷重臣吴潜坚决抗蒙，便去投奔。吴潜早就知道秦九韶的才华和他抗击蒙军的英勇，见到他后十分高兴。吴潜仅比九韶大6岁，他是1217年（嘉定十年）的状元，1231年（绍定四年）为尚书右郎官，1239年（嘉熙三年）便成为兵部尚书，相当于国防部长，并兼管江苏镇江府的军政。当时，蒙古已经灭金，正在大举进攻南宋。南宋朝廷内的主战、主和两派斗争激烈。贾似道是主和派，主张通过割地、纳贡的办法，屈辱求和；吴潜是主战派，坚决主张加强国防，抗击蒙古军队的进犯。他很注意选拔人才，曾于1234年（端平九年）向南宋朝廷提出9条建议，其中第五条便是："广畜人才以待乏绝。" 秦九韶这样一个才华横溢的青壮年，被吴潜看重是不奇怪的。由于受到吴潜的赏识，秦九韶先后担任过湖北蕲州（今蕲春）通判及安徽和州的太守。他在和州积极发展生产和贸易，还采取食盐官营的办法，一方面抑制盐价，另一方面为国家积累资金。后来，他到浙江湖州做地方官。吴潜对他很好，把自己的一块土地赠送给他，以便他建立住宅，长期居住。这块土地在湖州西门外，地名曾上，正当苕水所经，是个风景优美、交通方便的好地方。秦九韶凭自己的营建知识，亲自设计图纸，在此建起一所漂亮、宽敞的宅院，从此在湖州定居下来，过了一段时期的安定生活。由于他的哥哥在战乱中去世，留下一子无人照顾，他便收养下来，认为义子。

秦九韶在湖州做官的同时，开始了一项伟大的工作——撰写《数术大略》，这是一部数学巨著，受《九章算术》影响而把问题分为九类，后人出版此书时，将书名改为《数学九章》。它与《九章算术》一样，是密切联系社会实际的，但问题的深度和广度远远超过了《九章算术》，不少数学成果都是世界领先的。特别感人的是，秦九韶写书不忘救国。九类问题中有一类为"军旅"，专讲与军事有关的数学问题，包括排兵布阵、行军、测望敌营，以及种种后勤问题。他写这部分内容的目的。是为了教人们把数学用于军事，为抗蒙救亡服务。

# 卓越的数学成就

1244年（淳祐占四年）8月，秦九韶被任命为建康（今南京）通判。这是一种管钱粮、户口、赋役等工作的官职。但他任职时间很短，11月便因母亲去世，回湖州守孝三年。这其间，他的心情不佳。这不仅是因为永远失去了慈祥的母亲，更因为自己对国家前途的担忧。多年来，他一直渴望着为保卫大宋江山而战，但南宋朝廷内部十分腐败。许多人为了自己的私利，主张求和。昏庸的宋理宗在主战、主和两派的斗争中，往往举棋不定，而且倾向于求和，所以不可能出现一个领导全国抗蒙救亡的核心。蒙古军队步步紧逼，南宋正面临着亡国的危险。秦九韶想：

"朝廷也许会更换，但有用的书将长存。这些年来，我搜集了不少数学问题，趁目前没有公务，我应该抓紧时间研究，写出书来，留给后人。"于是，他在料理完母亲的后事以后，便在家里埋头著书。

功夫不负有心人。到1247年（淳祐七九）7月，秦九韶终于完成了数学史上的杰作——《数学九章》十八卷，这是他一生中最有意义的事情。

全书共81道数学应用题，全是他精心选择的，每题以"术"说明解题方法，以"草"说明演算的具体步骤，必要时还画出图来。书中解决了大量实际问题，包括天文历法、雨雪测量、田亩计算、几何测望，还有赋税、财会、建筑、军事和贸易问题。这些内容都与当时的社会生活有密切联系，正如他自己所说："我写书的目的就是应用。"他能做到这一点，是与他的经历有关的。他年轻时在临安学到了丰富的知识，后来又做过多年地方官，他深入下层，对物价、度量衡、各地间的距离、农民的负担，以及耕地面积、作物生长情况、气象资料等，都很熟悉，所以书中的问题符合实际，便于人们应用。后人则可以通过此书来了解南宋社会。

更重要的是，《数学九章》具有很高的理论价值，书中的"正负开方术"和"大衍术"居世界领先地位。

正负开方术实际是一套求高次方程正根的方法，也可以叫"高次方程数值解法。"古人称解方程为"开方"，而秦九韶在解高次方程时要反复进行正、负数运算，所以称"正负开方术"。大家知道，一次和二次方程是好解的。对于三次方程，一般人就不会解了。解三次以上的方程当然更为困难。秦九韶却在前人基础上，总结出一套可以解任意次方程的方法，而且是要多精确就能多精确，只要运算步骤足够多就行，因为这是一套循环性程序，具有很强的机械性。书中的方程，最高达到10次，秦九韶准确无误地求出了它的根，这是多么了不起啊！电子计算机产生以后，有人把这套方法在计算机上实现，并称为"秦九韶程序"。直到1819年，英国数学家霍纳才提出与秦九韶演算步骤基本相同的高次方程解法。西方人不知秦九韶早已解决这一问题，所以称为"霍纳法"。

大衍术又称大衍法，实际是一套术解一次同余式组的完整程序。秦九韶很重视自己的这项发明，强调说："前人从未解决这一问题。"的确如此，即使在世界范围里，秦九韶也是第一个解决这种复杂问题的。什么叫同余呢？举例说，8除以3余2，11除以3也余2，我们就说8和11对3

来说是同余的。含有同余关系的式子叫同余式，同余式和方程式一样，分为一次的、二次的……几个同余式联立，就成为同余式组。在秦九韶之前，《孙子算经》中便出现了一个闻名世界的一次同余式组，叫"物不知数"问题，因为开头的一句话是："今有物，不知其数。"题的大意是：某数被3除余2，被5除余3，被7除余2，问这个数是多少？这实际是由三个同余式构成的同余式组。给出的答案是23，读者可以验证，这个答案是正确的。但书中的方法含有试猜的成分，不是普遍适用的。换个比较复杂的同余式组，读者就不知怎样求解了。秦九韶的功绩，在于他研究了各种形式的一次同余式组，发明了一套普遍适用的完整程序。这套程序在制定历法时很有用。它和"正负开方术"一样，带有很强的机械性，可以毫无困难地转化为现代的算法语言，用计算机来实现。

除了这两项重大成就外，秦九韶的"三斜求积术"也是很有名的。三斜即任意三角形的三边，积指三角形面积。若以a，b，c表示三边，则秦九韶的三角形面积公式为

$$S = \sqrt{\frac{1}{4}\left[a^2b^2 - \left(\frac{a^2+b^2+c^2}{2}\right)^2\right]}$$

这一公式与著名的海伦公式是等价的。海伦（Heron）是古希腊数学家，他的三角形面积公式为

$$S = \sqrt{p(p-a)(p-b)(p-c)},$$

其中 $p = \dfrac{a+b+c}{2}$。相比之下，秦九韶的公式不够整齐，时间也较晚，但毕竟是在中国独立解决了这一问题，影响是很大的。以前，人们只知道三角形面积等于底乘高的一半。自秦九韶后，才知道只要求出三角形三边之长，也可得到三角形面积。此法在田亩测量中很有用，因为量三角形田的边长比量它的高要容易些（在田地中作一条比较严格的垂线是困难的）。

由于秦九韶精通天文历法和数学，于1748年（淳祐八年）受到宋理宗召见，他坦率地指出现行历法的弊病和许多官吏不懂数学常识的状况，陈述了自己对改革历法和加强数学教育的意见，同时呈上《数术大略》，受到皇帝的夸奖。考虑到当时的一些历官造诣不深，皇帝让秦九韶等精通天文、历法的人去太史局讲学，让历官们学习。从此，秦九韶的知名度更高了，不少学者向他请教天文或数学问题。他的《数术大略》也开始在各地流传。虽然当时没出版，但有不少手抄本。

秦九韶受皇帝召见的消息传出后，引起历法家陈振孙的注意。他当时为侍郎官，善于收藏历代图书，藏书五万余卷。他专程拜访秦九韶，讨论天文历法问题。秦九韶的许多精辟见解，被陈振孙收入《直斋书录解题》，流传至今。秦九韶说："天体运行有规律可循，不能横袭前历。"这句话成为历法改革的至理名言。陈振孙从秦九韶那里得到好几本珍贵历法，包括罕见的《崇天历》和《纪元历》，前历于1024年（天圣二年）问世，到秦九韶时代已有200年；后历于1106年（崇宁五年）编成，也有一百多年了。二历传本极为稀少，陈振孙感慨地说："近世诸历，多亏秦的收藏，才未失传。"

# 坎坷的晚年

秦九韶守孝期满后，又去做官，此后的科学研究不多了。他决心在政治上干一番事业，为国家治理和抗蒙救亡贡献自己的力量。但他的仕途并不顺利，东奔西走，最后死于梅州。

1249年（淳祐九年）8月，吴潜被任命为浙东安抚使。第二年，秦九韶去宁波投奔吴潜，在他手下为官。

1251年（淳祐十一年）吴潜奉命入京，宋理宗拜他为右丞相。在一段时期内，主战派力量占了上风，南宋的防务有所增强，蒙古军队不敢轻易进犯，只是虎视眈眈地等待时机。1254年（宝祐二年），秦九韶在建康（今南京）担任了沿江制置司参议。制置司即一个地区的司令部，参议是军事参谋。秦九韶感到有了施展才能的机会，积极参与军事部署，为抗蒙斗争出谋划策。不幸的是，吴潜受到主和派的排挤，失去了右丞相的官职，当了个没有实权的观文殿大学士。秦九韶也于1255年（宝祐三年）被免职，家居湖州。但他不甘寂寞，还想参政。当时贾似道任两淮安抚使，在朝廷内势力很大。秦九韶虽然与贾政见不同，但他想："现在通过吴潜做官是不行了。要想当官。就得找贾似道。有了官职，才能实现自己的志向啊！在家里闲居，不是一事无成吗！"于是，他便在1257年（宝祐五年）准备了一些礼物，去扬州拜谒贾似道。贾似道是个贪财又喜欢奉承的人，他见秦九韶带来不少礼物，便热情接待。他虽然知道秦九韶与吴潜关系密切。但也爱惜九韶的才华。他想："此一时彼一时啊！现在吴潜已经失宠，他的旧友弃他而投我，这是好事。我应该使秦九韶为我所用。"于是，他便写了一封推荐信，让九韶带信去长沙投李曾伯。李当时是荆湖南路安抚使，兼长沙知府。

1258年（宝祐六年）正月，秦九韶到长沙见李曾伯。由于有贾似道的手书，李曾伯只好答应给秦九韶安排官职。此时正值他管辖区内的琼州缺太守，于是任命秦九韶为琼州太守，但三个多月后就接到了免除秦九韶职务的圣旨。可能是由于朝中有人说秦九韶的坏话，使理宗做出罢免他的决定。上任不久的秦九韶，只好怀着大志未酬的遗憾心情，离开琼州。

秦九韶回到湖州后，仍想当官。吴潜已被起用为沿海制置大使，秦九韶再去宁波投奔他。1259年（开庆元年），宋理宗拜贾似道为右丞相，吴潜为左丞相。秦九韶随吴潜入京。由于吴潜的推荐，秦九韶被任命为司农寺丞，去平江一带筹措军粮。1260年（景定元年），秦九韶被任命为江西清江的知府，但由于朝廷内的派系斗争，有些人坚决反对，皇帝只好收回成命。

这一时期，南宋朝廷内的主战、主和两派斗争日趋激烈。按理说，右丞相和左丞相应该是同舟共济，但实际上却水火不容。1259年，右丞相贾似道负责湖北一带的防务。蒙古皇帝蒙哥亲率大军进攻四川，派他弟弟忽必烈攻打鄂州，企图灭亡南宋。吴潜立即调军马援鄂，准备抗击蒙军。贾似道却私自派人到忽必烈军营屈辱求和，献上大批礼物，并居然背着皇帝，以朝廷名义保证今后每年奉献蒙古白银20万两，绢20万匹。忽必烈听到密报：蒙哥已死于战场。他急于北上夺取帝位，于是答应了贾似道的请求：双方以长江为界。忽必烈退兵后，贾似道向朝廷隐瞒了私自求和一事，谎称自己率领军队打败了敌人，反诬吴潜抗蒙不力。理宗信以为真，让贾似道掌握了军政大权，吴潜则受到排挤。1260年，贾似道又指使手下人罗织吴潜的罪名，在理宗面前告黑状，诬陷吴潜犯有"欺君之罪"。昏庸的理宗不明是非，罢免了吴潜的一切职务，于当年10月把吴潜流放到广东潮州。1262年（景定三年）5月，吴潜含冤去世。

吴潜冤狱也涉及秦九韶。因为秦与吴关系密切，所以被当做吴潜党人，受到株连。不过，贾似道与秦九韶有些旧情，因此对他的处理要轻得多，没有革职问罪，只是把他贬到广东梅州做官。这对花甲之年的秦九韶来说，也是个不小的打击。念国家，主和派掌权，一大批主张抗战的忠勇之士被贬逐，国家灭亡已不可避免了；想自己，被迫来到边远地区做个小官，大志难酬，颇有一种怀才不遇的惆怅。他想："不管在哪里做官，都要上对得起朝廷，下对得起百姓。"因此，他在梅州勤于政务，兢兢业业地处理各种公务，并注意发展生产，使当地百姓生活安定，秩序井然。不幸的是，他生前再也没能回到家乡，最后病死在梅州。去世时间没有明确记载，约在1262年前后。

纵观秦九韶一生，堪称一位学识渊博、多才多艺的学者，尤其在数学上做出了卓越贡献。他研究数学不是为了做官，也不仅仅是出于兴趣，而是为了应用，他千万百计地使自己的学问为社会服务，这种精神是十分可贵的。秦九韶的数学成就已得到世界公认，著名的美国科学史家萨顿（1884—1956）这样评价秦九韶："他是他那个民族，他那个时代，并且确实也是所有时代最伟大的数学家之一。"

# 杨辉

# 杨辉的时代和生平

　　杨辉是钱塘人，生活于13世纪的南宋。钱塘属临安府
（今杭州）。临安作为南宋的都城，是江南地区政治、经
济和文化的中心。这个山清水秀、风景如画的好地方，自
古以来孕育出不少豪杰、名士，可谓人杰地灵。

　　南宋虽然偏居一隅，土地面积比北宋少了一半，但
由于农业发达的长江中下游一带都在南宋境内，再加上北
方人民的大量南迁，交流了耕作经验，传播了新的技术及
农作物，从而使江南的农业经济得到进一步的发展。当时

有"苏湖熟、天下足"的谚语（苏指江苏，湖指太湖），可见江南农业丰收之一斑。农业的发展带动了手工业的发展，纺织、制瓷、造船、印刷等各行业，呈现一派兴旺景象。南宋的商业发达、城市繁荣。首都临安是一个拥有百万人口的商业城市。大街上买卖昼夜不绝，天亮便有早市，傍晚夜市开张，直到三更天才静下来。各地的产品在临安交换、运转，船只云集，客贩往来，十分热闹。除了临安外，南宋还拥有许多繁荣的商业城市和海外贸易港口，与南宗通商的国家达50多个。商业的发展向数学提出如何提高计算速度和普及应用算术知识的问题，各种简便实用的算法和歌诀应运而生，杨辉便是这一时期的杰出数学家和数学教育家。

杨辉的数学工作不仅适应了社会经济的发展要求，而且是宋代以来科学和数学发展的继续。宋代是我国科技发展的高潮时期。闻名世界的四大发明中，有三项是在宋代完成的，火药广泛用于军事，指南针成功地用于航海，毕昇发明了活字印刷术。天文、医学、农学等都有重大发展。数学方面，宋代不仅大量印刷了唐代以前的《算经十书》（即唐代选为教科书的《九章算术》等十部数学书），而且由于数学理论的发展，出现了许多新的数学专著。杨辉《续古摘奇算法》提到的宋代以来新出版的数学书，就有18种之多。杨辉正是在这片富饶的数学土地上，大量吸收前人成果，再加上自己的创新精神，从而取得成功的。

杨辉早年在钱塘生活，成年后在台州（今浙江临海）做过地方官。他生活廉洁，秉公办事，而且有学者风度，很受百姓拥戴。他重视农业生产，对州里的农田状况了如指掌。为了测量土地的需要，专门写了一本《田亩比类乘除捷法》。卸任后从事数学教育，培养了不少学生。他特别注意研究社会生产和生活中有关数学的问题，在东南一带享有盛名，他走到哪里都有人请教数学问题。《续古摘奇算法》中便记载着他在苏州时人们向他求教的情况，从1261年到1275年的15年中，他先后完成数学著作5种二十一卷，是元以前数学著作最多的学者。

# 杨辉的数学著作

  1261年（景定二年），杨辉写成第一部书《详解九章算法》，它以刘徽等注、贾宪细著的《九章算术》为底本，并补充了图、乘除及"纂类"三卷，共十二卷。今存三分之二。杨辉认为，《九章算术》是算经之首，而且很有实用价值，但由于年代久远，当时的一般读者阅读起来有困难。所以杨辉在研究数学时，首先注意到这本书，他要对原书各题的题意和解法详加解释，以便普及，于是有《详解九章算法》之作。书中还补充了一些与当时社会生活有关的新题，这些题的解法都由《九章算术》演化而来，杨辉称为"比类题"。最后，杨辉对《九章算术》

200多道题重新分类，写成"纂类"。因为《九章算术》的分类标准并不一致，有的按用途分，有的按算法分。杨辉则提出"因法推类"的原则，按算法的不同，将原书中所有题目分为乘除、互换、合率、分率、方程、勾股等九类，每一类中，由总的算法演绎出不同的具体方法，并结合相应的习题。自《九章算术》成书千年以来，杨辉首次突破了它的分类格局，是个创举。杨辉的分类方法，有利于读者系统学习算法，受到人们的欢迎。另外，书中有不少漂亮的写生图，为书增色不少。看来杨辉不仅是数学家，还称得上是一位画家。

但是，《九章算术》毕竟是我国数学的经典著作，注解再详细，也不能作为启蒙读物。《详解九章算术》成书以后，有人对杨辉说："你的书写得太好了，不过对初学算术的人来，还是深了些。你对数学如此精通，何不写本入门书呢？这样，读者就可以先入门，再深造了。"杨辉是个善于为读者考虑的作者，他立即着手写一本内容浅显的数学书，以简明易懂的语言、叙述加、减、乘、除法和度量衡，还编了许多在日常生活中用得着的应用题。又画了不少图，这不仅便于读者理解题意，还有助于引起读者兴趣呢！一年以后，一本名为《日用算法》的书便问世了。书中有算法诗13首，读起来朗朗上口，便于记忆。这本只有二卷的小书深受普通读者欢迎，尤其是各地的商人，争相购买。还有不少家长买来，作为教孩子学算术的启蒙书。里面的诗和图，给人一种与众不同的清新感觉，让读者爱不释手。可惜的是，此书现已失传，部分内容保存在《诸家算法》中。

几年以后，杨辉对数学的研究取得许多新成果。他不满足于讲解古算书和编写启蒙读物，他要把自己的研究成果公之于世，要教给读者新的数学思想和方法，使读者对各种算法融会贯通，运用自如。于是，他写了以算法为主的《乘除通变本末》三卷，于1274年（咸淳十年）发表。这三卷各有卷名，上卷为《算法通变本末》，中卷为《乘除通变算宝》，下卷为《法算取用本末》（下卷与史仲荣合编）。上卷的"习算纲目"是一份相当完整的教学计划，杨辉根据自己多年的经验，具体给出各部分知识的学习方法、时间及参考书。他主张由浅入深，循序渐进，先念小九九，次学乘除，然后学分数运算，最后学开方，并提倡精讲多练，学生多做习题。

杨辉在台州做官时，对农田建设十分关心，并进行过大面积的田亩测量。他发现在测量中，几何知识和代数方程很有用。而工作人员往往因为数学水平不高，计算方法笨拙，影响了工作效率。于是他便注意研究数学理论在实际测量中的应用，尤其注意选择"捷法"，即事半功倍的好方法。他读过北宋数学家刘益的《议古根源》，书中用方程解决面积问题，并以图解法为辅助手段，对杨辉大有启发。他发扬刘益的精神，结合当地农田的实际情况及自己对算法的多年研究，写成《田亩比类乘除捷法》二卷，于1275年（德祐元年）刊行。

以上四书出版以后，杨辉感到很欣慰。多年以来，他潜心研究数学，现在可以告一段落了。可是过了不久，杨辉的两位朋友刘碧涧、丘虚谷带着他们搜集的《诸家算法奇题》来到杨家，对杨辉说："这些题目很有意思，但我们的数学不精。如果你能对这些题研究一番，写成一本书，读者一定欢迎。"杨辉拿过他们的稿子浏览一遍，果然不错。朋友的建议使杨辉心中迸发出新的创作激情。他进一步搜集了流传于世的许多算法和作图法，进行比较、研究，写成《续古摘奇算法》二卷，于1275年底出版。卷上论纵横图，卷下阐述诸家算法，并给出一些几何测量法和面积定理。这是杨辉写的最后一本书，他的数学水平已到了炉火纯青的地步。对各题的解说不多，但都是恰到好处，起到画龙点睛的作用。

　　总之，杨辉数学著作的特点是深入浅出，适于教学，而且有不少创新。另外，杨辉书中还保存了不少古代有价值的数学成果，如贾宪的增乘开方法和开方作法本源图载于《详解九章算法》，刘益的正负开方术载于《田亩比类乘除捷法》，《续古摘奇算法》中也保存了一些古代名题。杨辉自己的数学成就，表现在高阶等差级数，简算法，纵横图、几何证明等各方面。下面选择其中的几项介绍给大家。

# 贾宪三角形

　　杨辉的《详解九章算法》中画有一张"开方作法本源图"，并说此图取自贾宪的《释锁算书》。贾宪是北宋数学家，他的书已失传，幸亏杨辉引用了他的图，我们才知道贾宪的这一重要成果。因为图中的数学呈三角形排列，所以称"贾宪三角形"。

　　大家很容易发现此图的特点：它的左、右两边都是1，而中间每个数等于它肩上的两数之和，可按此规律继续向下延伸。这张图在解高次方程时很有用。如果方程是三次的，三角形需要四层；方程是四次的，三角形需要五层……依此类推。古代称解方程为"开方"，所以贾宪把它叫做"开方做法本源图。"

　　用现代数学语言来说，贾宪三角形实际是一张二项式定理系数表。二项式定理可表示为：

$(a+b)^0=1$，

$(a+b)^1=a+b$，

$(a+b)^2=a^2+2ab+b^2$，

$(a+b)^3=a^3+3a^2b+3ab^2+b^3$，

$(a+b)^4=a^4+4a^3b+6a^2b^2+4ab^3+b^4$，

$(a+b)^5=a^5+5a^4b+10a^3b^2+10a^2b^3+5ab^4+b^5$，

$(a+b)^6=a^6+6a^5b+15a^4b^2+20a^3b^3+15a^2b^4+6ab^5+b^6$，

……

如果把以上各系数排列起来，即可得到贾宪三角形。每个二项式的系数相当于三角形的一层，例如$(a+b)^5$系数为1，5，10，10，5，1，这正好是贾宪三角形的第六层。

贾宪三角形随杨辉的著作流传下来，对后世的数学发展影响很大。元代朱世杰、明代程大位、清代李善兰等著名数学家都曾引用过贾宪三角形，对它作了进一步的研究和推广。

在国外，阿拉伯、德国和法国的数学家也曾独立发现二项式系数的展开规律，作出与贾宪三角形类似的三角形，有的是直角三角形，有的是锐角三角形，实质都一样。不过，他们的工作都比杨辉晚。遗憾的是，贾宪三角形没有及时地传到国外，而法国数学家帕斯卡（B．Pascal，1623—1662）的《论算术三角形》一书在西方世界影响很大，所以西方人习惯上称这种三角形为帕斯卡三角形。

# 纵横图

　　纵横图是从自然1开始的按一定规律排列的数表，也叫幻方。一般是方形的，行数与列数相等，各行各列的数字之和也相等。纵横图有几行，就称为几阶。我国最早的纵横图是汉代的"九宫图"，它是三阶的，每行每列的数字之和为15，对角线上的数字之和也是15。由于有这样奇妙的性质，宋代的理学家们便把它与《固易》中的"河出图，洛出书"联系起来，认为九宫图即天生的神物——洛书。据说大禹治水时，洛水中浮出一个神龟，龟背上的文字成为伏羲画八卦的依据，叫洛书。但究竟是什么文字？谁也说不清。理学家们把洛书说成纵横图，从而为这些有规律的数字蒙上一层神秘色彩。

就在这种数字神秘主义气氛笼罩社会的时候，杨辉却在孜孜不倦地探索纵横图的构成规律。他以自己的研究成果，否定了纵横图的神秘性。《续古摘奇算法》上卷的大量纵横图表明，这种图形是有规律可循的。

杨辉首先给出三阶纵横图的构造方法："九子斜排，上下互换，左右互换，四维挺出。"

三阶纵横图是唯一的，但四阶纵横图却有多种，杨辉给出构造四阶纵横图的一般方法，并做出其中的一种。它的做法分三步：1.依次排四行，2.外四角对换，3.内四角对换，于是，各行各列及对角线的数字之和均为34。

四阶以上纵横图，杨辉只画出图形而未留下做法。但他所画的五阶、六阶以至十阶纵横图全都准确无误，可见他已经掌握了高阶纵横图的构成规律。他的十阶纵横图叫百子图，各行各列的数字之和为505。

杨辉之前，纵横图都是方形的。但杨辉在百子图之后，给出各种形状的纵横图，如聚八图，每个圆圈上的数字和为100；攒九图，外圆上每条直径的数字和为147，每个同心圆上的数字和为138。此外还有聚五图、聚六图、八阵图、连环图等，真是奇妙无比，耐人寻味。尽管图形多样，但有一个共同特点：都是对称的。

当读者翻阅这些纵横图时，不仅能学到数学知识，而且是一种美的享受，感到情趣盎然。难怪有些人把构造纵横图当做数学游戏，玩得入迷呢！实际上，纵横图属组合数学，在理论和现实生活中都是有用的。明、清的不少数学家，曾在杨辉的基础上进一步研究纵横图，取得新成果。

# 算法研究

　　在数学运算中，杨辉最重视乘法，他说："习算以乘法为主。"这一见解是很精辟的。因为除法是乘法的逆运算，乘方即连乘，开方中的基本运算也是乘。熟悉了乘法，其他运算便可迎刃而解。

　　杨辉系统研究了简算法，特别是如何以加减代乘除，把多位数乘除法化作加减法来运算。例如96250×13这样的算题，就可以用"加一位"的方法，即把乘数13分解为10+3，使96250×13变成96250×10+96250×3的形式。运算顺序为

　　96250×13=96250×（10+3）

=96250×10+96250×3

=1251250。

这样，两位数乘法变成一位数乘积与进了一位的被乘数相加，确实要简便一些。

杨辉还提出一种叫"重乘"的算法，即把乘数分解为若干个因数之积的形式。如38367×63，杨辉便把63分解为7×9，然后再乘38367。

由于简算法的需要，杨辉注意到一个整数除了1和它本身外还有没有其他约数。如果没有，杨辉便说是"不可约"，实际上，杨辉的不可约数就是素数。在《法算取用本末》中，他列出了从201到300的素数表，共16个：211，223，227，229，233，239，241，251，257，263，269，271，277，281，283，293。在中国，杨辉是第一个注意到素数问题的。

为了普及算法，杨辉把不少算法编成诗歌或口诀。杨辉的口诀发展到朱世杰时代，已与现在通行的珠算口诀接近。而这时离珠算大普及的时代——明代，已经不远了。所以说，杨辉的算法口诀为珠算打下了一定的基础。

# 朱世杰

# 数学名家

北京附近的燕山，峰峦起伏，草木茂盛，这里距李冶出生地大兴只有百里左右。蒙古人灭金后不久，燕山脚下的一个普通农家，生下了一个可爱的男孩，他就是宋元时代最大的数学家——朱世杰。

朱世杰的青少年时代，蒙古人在北方的势力日益增强。早在金朝灭亡（1234）之前，金的中都（今北京）已被蒙古人占领。1260年（中统元年），忽必烈做了皇帝。不久以后便迁都此地，改称燕京，后又改名大都，成为重要的政治、经济和科学、文化中心。忽必烈比较尊重知识，尊重科学，采取了一些汇集科技人才和鼓励科学研究的政策，著名科学家王恂、郭守敬等都在他身边工作。

朱世杰自幼聪明、好学，尤其喜爱算术。不到十岁，他就能熟练地用算筹进行四则运算了。他的腰里没有饰物，只有一个装满算筹的小布袋。在小世杰心里，进行筹算简直是有趣的游戏！稍大一些，他便拜师学习，常把父母给的零用钱积攒起来，购买各种算书。他家不算富裕，但还供得起他上学。父母见他如此酷爱数学，想他日后必有出息，所以平时节衣缩食，支持他买书。

朱世杰处于中国传统数学发展的鼎盛时期。13世纪中下叶，南、北方数学全面繁荣。南方以秦九韶、杨辉为代表，在高次方程解法、同余式组解法等理论研究和数学实用化方面取得巨大成就。北方则以研究天元术为主，出现了天元术大师李冶，进而讨论了二元术和三元术。由于南北对峙，年轻的朱世杰很难读到南方的数学书。但对北方各家算书，他都认真钻研、比较，尤其是李冶的《测圆海镜》对他影响最大，被他称为"第一奇书"。他深入领会了李冶的数学思想，又学习了李德载的二元术和刘大鉴的三元术，懂得了如何建立和求解二元及三元高次方程组。

到13世纪70年代，他已经和李冶一样，成为北方的数学名家了。不少人远道而来，拜朱世杰为师，向他学习数学。朱世杰听说南方的数学也很发达，而且有自己的特色。他想方设法搜寻南方算书，但收获不大。因为当时南方在宋朝统治下，与北方的元朝是敌对的，双方的人民很难进行文化交流。朱世杰多么盼望南北统一，使自己有机会吸收南方的数学成果啊！

1279年（至元十六年），元灭南宋，建立起统一的元帝国。朱世杰不失时机地来到南方，周游江、淮各地，结识了不少精通数学的人。他先后得到秦九韶的《数学九章》和杨辉的多种算书。

朱世杰早就会解高次方程了，但还从未见过像《数书九章》这样深入研究高次方程的书。该书理论完整，逻辑严密，尤其是那个十次方程，其解法真是天衣无缝，妙不可言！朱世杰感到自己进入了一个神圣的数学殿堂。他对这部巨著爱不释手，对书中的题目反复玩味。待他认为到了研究其他算书的时候，他在高次方程领域可以说是游刃有余了。他后来在《四元玉鉴》中创下十四次方程的纪录，实在是得益于《数学九章》。

杨辉是另一类型的数学家，他的理论研究不如秦九韶深入，但他的思路更宽，接触的问题更广泛，尤其是他的算法研究和数学歌诀，对朱世杰大有启发。杨辉书中的不少问题，朱世杰在去南方以前虽然会解，但解法不如杨辉的简捷。而且不知道南方有那么多生动、流畅的数学歌诀！杨辉的书之所以受欢迎，语言生动是原因之一。另外，朱世杰还吸收了杨辉的高阶等差级数理论。如果一个数列的每相邻两项的差相等，这个数列就叫等差数列，或等差级数，如1，3，5，7，9……每相邻两项的差是2。如果二次差相等，叫二阶等差级数，如37，61，91，127，169……的第一、二项之差为24，第二、三项之差为30，第三、四项之差为36，第四、五项之差为42……这些差为一次差，它们组成的数列是24，30，36，42……显然，新数列的每相邻两项差相等。如果三次差相等，叫三阶等差级数，依此类推。朱世杰早就知道沈括的一个二阶等差级数求和公式了。他在杨辉算书中，发现了各种类型的二阶等差级数求和问题，真叫人耳目一新。在方程和方程组之外，居然还有这样一块富饶的数学田地！杨辉的成果引发了朱世杰的灵感和创作激情，他在此基础上深入研究。终于掌握了高阶等差级数求和的一般规律，可以求得三阶、四阶以至任意阶等差级数的和！

在南方各地周游十余年后，朱世杰已是海内无与伦比的杰出数学家了。他在扬州住下后，登门求教的人越来越多，简直应接不暇。朱世杰早有传徒授业、普及数学的愿望，于是设立学馆，系统讲授数学知识。他的课由浅入深，循序渐进，从一位数乘法开始，一直讲到当时的最新数学成果——天元术，使程度不同的人都能有所收益。他对求学的人来者不拒，对自己的课精益求精。那部被称为"算家之总要"和"次第最为谨严"的《算学启蒙》，便是在他的讲义基础上写成的，这是1299年（大德三年）的事。

朱世杰在扬州一边教学，一边进行学术研究。他的学生来自各地，学成后各奔前程。几年以后，朱世杰便桃李满天下，自己也已两鬓斑白，年近花甲了。他想："我应该把多年的研究成果，写出书来，传给后人。"于是，他便离开扬州，回到故乡燕山。他的家在燕山脚下，宅院不大，但环境优雅、安静。朱世杰在这里专心著书。1303年（大德七年），代表宋元数学最高成就的《四元玉鉴》诞生了！朱世杰的命运比李冶好，他不仅看到了他为之呕心沥血的《算学启蒙》和《四元玉鉴》的出版，还看到读者争相买书的盛况。朱世杰晚年，一直关心着他的数学理论的传播。他门前那条弯曲的小路上，常有向他请教的人走过。这位白发苍苍、精神矍铄的老人，不知在他的书房里接待过多少来访者。不管是社会名流，还是年轻学子，都为他的思想深刻及敏捷所倾倒。朱世杰的数学思想，通过他的书、他的口，在社会上广为传播。他的成就远远高于同时代人。如果把诸多数学家比作群山，则朱世杰是最高大、最雄伟的山峰。站在朱世杰数学思想的高度俯瞰传统数学，会产生"会当凌绝顶，一览众山小"的感觉。

# 启蒙算书

　　就像它的书名一样，《算学启蒙》是一本很好的启蒙书。该书首先给出各种法则和常用数据18条，称为"总括"，包括九九乘法歌、归除歌诀、斤两化零歌、筹算记数法则，大小数进位制、度量衡及面积换算、正负数的四则运算法则及数学方程解法等。"总括"是全书的预备知识，后面各卷各题都要用到它们。特别应该提到的是，在我国古算书中，《算学启蒙》最早记述了正负数乘除法则，同时给出倒数的概念和性质。另外，朱世杰继承了南宋以来的歌诀形式，并作了创造性发挥。例如"总括"中的"九归除法"诀："一归如一进，见九进成十。二一添作五，逢二进成十。三一三十一，三二六十二，逢三进成十。四一二十二，四二添作五，四三七十二，逢四进成十。五归添一倍，逢五进成十……九归随身下，逢九进成十。"共36句。这和流传至今的珠算口诀几乎完全一致。朱世杰总结出如此规范、简明的口诀，可见他不仅精通算理，而且在数学的普及教育方面是下了大工夫的。

　　《算学启蒙》分上、中、下三卷，共20门，259问。内容涉及四则运算、分数、比例、面积体积计算、等差级数、方程及方程组等多方面数学内容、由浅入深，由简至繁，形成一个完整体系，是一部优秀的教科书，既为实际应用提供了数学工具，又为深造者开辟了门径。《算学启蒙》的最后两门特别重要，"方程正负门"总结了线性方程组的列法和解法，"开方释锁门"讨论如何用天元术解决各种实际问题，并给出根式运算法则和一些新的乘法公式。这些内容，不仅是《算学启蒙》的精华，也是《四元玉鉴》中多元高次方程组的基础。后人说《算学启蒙》"似浅实深"，又说它"文字简练、内容完备、实是算家之总要"。这些评价是恰当的。《算学启蒙》的内容，可以说囊括了我国已有的绝大部分数学成果。大体说来，这些内容前后衔接，前面的内容为后面的问题提供了预备知识，而全书又为《四元玉鉴》提供了预备知识，所以有人说二书"相为表里"。

《算学启蒙》出版后不久即流传到朝鲜、日本等国。14至16世纪的朝鲜李朝，便以《算学启蒙》为教科书。皇帝李世宗尤其重视《算学启蒙》，曾认真学习，写了不少读书笔记。这部书对日本的影响也很大，它被当成数学经典，是算家必读之书。17世纪，一些日本学者在研究读书的基础上写出讲解和注释性著作，其中以建部贤弘的《算学启蒙谚解大全》（1690）注释最详，流传最广。

我国明代不重视数学，正当《算学启蒙》在国外流传的时候，却在国内失传了。直到清代中期，有人在北京玻璃厂发现了朝鲜金始振翻刻的《算学启蒙》，1839年（道光十九年）在扬州重新出版，成为中朝历史上数学交流的一段佳话。此后，《算学启蒙》才在国内重新流传，对清代的数学教育发挥了不小的作用。

# 四元大师

　　朱世杰在完成启蒙算书《算学启蒙》后4年，便写出阐述他多年研究成果的力著——《四元玉鉴》（1303），该书水平达到了中国古代筹算著作的顶峰，朱世杰也因此被尊称为四元大师。

　　《四元玉鉴》的主要成就是四元术，即四元高次方程组的建立和求解方法。秦九韶的正负开方术及李冶的天元术都被包含在内。全书三卷，共24门288问，所有问四元式示意图题都是和方程或方程组有关的。从一次方程到十次方程，从线性方程组到高次方程组，方程理论相当完备。

　　四元术的表示方法是"元气（以"太"字表示，居中，立天元一于下，地元一于左，人元一于右，物元一于上"。元气即常数项，天、地、人、物代表四元，相当于现在的x，y，z，u。但在写方程时，不必写天、地、人、物等字，而是在相应位置写出未知数的不同次幂。各元的幂以太字为中心向四周发散，愈远愈高。一个筹式相当于一个方程，例如，方程

$$-x^2+3xy-2xz+x-y-z=0$$

及$2u^4-u^3-u^2+3u-8z^2+2xz+2xy+6yz$

$$=0$$

一个四元方程组包含四个方程。

四元术的核心是四元消法，这是朱世杰创立的一套完整的消未知数方法。他通过方程组中不同方程的配合，依次消掉未知数，先将四元四式消成三元三式，再消成二元二式，最后化成一元一式，即一元高次方程，这时便可用秦九韶的正负开方术求解了。消未知数的过程虽然复杂，但条理分明，井然有序，整个过程都是用算筹摆成筹式进行的。它不但是中国古代筹算代数学的杰出成就，而且代表着当时世界上方程组理论的最高水平。"四象朝元"门第六题导出的方程高达十四次，即

$$2006u^{14}-11112u^1+22292u^{12}-19168u^{11}$$

$$+2030u^{10}+12637u^9-8795u^8-8799u^7$$

$$+19112u^6-9008u^5-384u^4+1792u^3$$

$$-640u^2 - 768u + 1152 = 0。$$

解方程，得

$$u = 2$$

我们不在这里介绍朱世杰如何得出这个方程以及他的方程解法，只是想告诉读者，朱世杰时代已能处理如此复杂的问题，这是中华民族的骄傲！

朱世杰的四元消法在世界上长期处于领先地位，直到18世纪法国数学家贝祖提出高次方程组的近代解法，才超过朱世杰。

现代数学家吴文俊曾对四元术稍加改进，在一个容量不大的计算机上很容易地求出了两个三元三次方程组的解。有人采用现代方法，结果一题在计算机上解不出，另一题要用容量很大的计算机花较长时间才能解出。可见朱世杰的解法有它的优越之处。朱世杰着眼解题，注意实效，思想之深刻和效率之高是一般人难以想象的。

除了四元术以外，《四元玉鉴》中的另一项突出成就是高阶等差级数求和。朱世杰在杨辉的基础上依次研究了二阶、三阶、四阶和五阶等差级数求和问题，从而发现规律，给出统一的高阶等差级数求和公式。利用朱世杰的公式，不管是几阶的等差级数，都可以很容易地求出和来。

这是级数理论的一大突破。

《四元玉鉴》不仅是一部高水平的理论著作，而且书中的许多题是密切联系实际、易于普及的。例如，"拨换截田"门中的19道题便由田亩测量而来。书中的一些问题以歌谣形式提出，这种做法也是出于普及数学知识的目的，因为语言优美、合辙押韵的歌谣能增加趣味性。例如卷中"或问歌彖"第二题："务前所得语云云，新熟醇醨共一盆。醇酒一升醉三客，醨酒三升醉一人。都来共饮十二斗，座中醉倒五十人。借问四方能算者，几多醨酒几多醇？"（诗中的务是酒务的简称，即酒店）这种歌谣形式的题目在以往算书中是少见的。

《四元玉鉴》中的数学歌谣对明代数学影响很大。虽然明代数学衰微，朱世杰的四元术无人通晓，但他的题目歌谣化的精神却被数学家们继承。程大位《算法统宗》卷十、卷十一各题都以歌谣形式给出。其中的一道题几乎与《四元玉鉴》中的题目相同，即："肆中听得语吟吟，薄酒名醨厚酒醇。好酒一瓶醉三客，薄酒三瓶醉一人。共同饮了一十九，三十三客醉醺醺。试问高明能算士，几多糟酒几多醇？"程大位显然受到《四元玉鉴》的影响。（诗中的肆即酒肆，也是酒店）

《四元玉鉴》在明代传本稀少。清乾隆年间修《四库全书》（1772—1782）时，竟然没有找到《四元玉鉴》。直到嘉庆初年（18世纪末），阮元才从浙江访得《四元玉鉴》，呈入四库馆。后来，清代的不少学者对这部元代数学名著进行了研究。其中以罗士琳的《四元玉鉴细草》影响最大。罗士琳对原书仔细校改一遍，并根据朱世杰原意，给出每一道题的详草。该书于1834年（道光十四年）出版后，成为学习和探讨《四元玉鉴》的必读之书。1937年出版的《万有文库》和1993年出版的《中国科学技术典籍通汇》都收入了《四元玉鉴》，包括朱世杰原著及罗士琳的全部细草。20世纪以来，《四元玉鉴》受到国外学者的重视，被介绍到日本、美国和欧洲各国。1977年，新西兰人谢元作发表专著《四元玉鉴中的多项式方程组》，详细论述朱世杰的四元术。

　　总之，朱世杰全面地继承了李冶、秦九韶、杨辉等各大数学家的成就，加以创造性的发展，取得了他同时代人无可比拟的杰出成就。朱世杰的《四元玉鉴》不仅是宋元数学的代表，而且已成为世界古代数学宝库中不可多得的珍品。著名的美国科学史家萨顿称赞该书"是中国数学著作中最重要的一部，同时也是中世纪的杰出数学著作之一。"

# 世界五千年科技故事丛书

# 世界五千年科技故事丛书